DATAOPS PARA NEGÓCIOS

Transforme Dados em Insights com Agilidade

Diego Rodrigues

DATAOPS PARA NEGÓCIOS
Transforme Dados em Insights com Agilidade

Edição 2025
Autor: Diego Rodrigues

Publicado por StudioD21.

Nota Importante

Os códigos e scripts apresentados neste livro têm como principal objetivo ilustrar, de forma prática, os conceitos discutidos ao longo dos capítulos. Foram desenvolvidos para demonstrar aplicações didáticas em ambientes controlados, podendo, portanto, exigir adaptações para funcionar corretamente em contextos distintos. É responsabilidade do leitor validar as configurações específicas do seu ambiente de desenvolvimento antes da implementação prática.

Mais do que fornecer soluções prontas, este livro busca incentivar uma compreensão sólida dos fundamentos abordados, promovendo o pensamento crítico e a autonomia técnica. Os exemplos apresentados devem ser vistos como pontos de partida para que o leitor desenvolva suas próprias soluções, originais e adaptadas às demandas reais de sua carreira ou projetos. A verdadeira competência técnica surge da capacidade de internalizar os princípios essenciais e aplicá-los de forma criativa, estratégica e transformadora.

Estimulamos, portanto, que cada leitor vá além da simples reprodução dos exemplos, utilizando este conteúdo como base para construir códigos e scripts com identidade própria, capazes de gerar impacto significativo em sua trajetória profissional. Esse é o espírito do conhecimento aplicado: aprender profundamente para inovar com propósito.

Conteúdo revisado por I.A. com supervisão técnica.

Agradecemos pela confiança e desejamos uma jornada de estudo produtiva e inspiradora.

ÍNDICE

SAUDAÇÕES

Caro leitor,

É com grande entusiasmo que dou as boas-vindas a você nesta jornada pelo mundo do **DataOps para Negócios**. Ao escolher explorar este tema, você demonstra não apenas interesse em aprofundar seu conhecimento, mas também em adquirir habilidades essenciais para transformar dados em insights acionáveis com agilidade e precisão. Vivemos em um cenário onde os dados são gerados em volumes cada vez maiores e onde a necessidade de eficiência, automação e governança nunca foi tão crítica. Este livro foi escrito para guiá-lo através dos conceitos fundamentais e das melhores práticas do DataOps, uma abordagem inovadora que revoluciona a maneira como as empresas gerenciam seus dados.

Neste livro, você encontrará não apenas a teoria necessária, mas também uma abordagem prática, baseada em experiências do mundo real. O objetivo é capacitá-lo a construir pipelines de dados eficientes, automatizar processos, garantir qualidade e governança, e integrar DataOps às estratégias empresariais. A gestão de dados deixou de ser apenas um suporte para as operações e passou a ser um diferencial competitivo, permitindo que empresas tomem decisões mais rápidas, inteligentes e embasadas.

DataOps não é apenas um conjunto de ferramentas ou técnicas; é uma nova forma de pensar a cadeia de valor dos dados, desde sua coleta até sua utilização estratégica. Com grandes volumes de dados vêm grandes desafios: garantir que os dados sejam confiáveis, acessíveis e bem governados exige uma abordagem estruturada e colaborativa. Este livro oferece um caminho completo, desde os fundamentos essenciais até as metodologias mais avançadas, permitindo que você domine as práticas necessárias para tornar sua organização mais eficiente e orientada por dados.

Este livro é ideal para profissionais de dados, engenheiros, analistas, líderes de tecnologia e tomadores de decisão que desejam implementar ou aprimorar estratégias de DataOps em suas organizações. Ao longo dos capítulos, você será desafiado a entender como integrar DataOps com inteligência artificial, machine learning, segurança e compliance, tudo com uma abordagem pragmática e voltada para resultados reais.

Ao embarcar nesta leitura, você será guiado por tópicos que abrangem desde os princípios fundamentais do DataOps até sua aplicação prática em diferentes setores. Exploraremos as melhores estratégias para automação, observabilidade, governança e escalabilidade, garantindo que você esteja preparado para enfrentar os desafios da era dos dados. Aqui, o objetivo não é apenas entender os problemas, mas aplicar soluções inteligentes e eficientes para otimizar fluxos de dados, reduzir desperdícios e maximizar o valor da informação.

Independentemente de você ser um profissional técnico ou um gestor estratégico, este livro serve como um guia completo para ajudá-lo a implementar DataOps de forma eficaz e alinhada aos objetivos do seu negócio. A abordagem prática, acompanhada de estudos de caso e frameworks consolidados, garante que você possa aplicar os conceitos aprendidos imediatamente em seus próprios projetos, transformando a maneira como sua organização lida com dados.

Prepare-se para explorar as mais avançadas técnicas e ferramentas do DataOps, desde a automação de pipelines e integração contínua até a orquestração de dados e a implementação de boas práticas de segurança. A jornada que você está prestes a iniciar é cheia de insights, desafios e, acima de tudo, soluções práticas que impactarão diretamente sua capacidade de extrair valor dos dados.

Aproveite a leitura e que este livro o capacite a se tornar um especialista em DataOps, pronto para enfrentar os desafios do futuro e criar soluções que farão a diferença no mundo dos negócios.

Boa leitura e sucesso em sua jornada!

SOBRE O AUTOR

Diego Rodrigues

Autor Técnico e Pesquisador Independente

ORCID: https://orcid.org/0009-0006-2178-634X

StudioD21 Smart Tech Content & Intell Systems

E-mail: studiod21portoalegre@gmail.com

LinkedIn: www.linkedin.com/in/diegoexpertai

Autor técnico internacional (*tech writer*) com foco em produção estruturada de conhecimento aplicado. É fundador da StudioD21 Smart Tech Content & Intell Systems, onde lidera a criação de frameworks inteligentes e a publicação de livros técnicos didáticos e com suporte por inteligência artificial, como as séries Kali Linux Extreme, SMARTBOOKS D21, entre outras.

Detentor de 42 certificações internacionais emitidas por instituições como IBM, Google, Microsoft, AWS, Cisco, META, Ec-Council, Palo Alto e Universidade de Boston, atua nos campos de Inteligência Artificial, Machine Learning, Ciência de Dados, Big Data, Blockchain, Tecnologias de Conectividade, Ethical Hacking e Threat Intelligence.

Desde 2003, desenvolveu mais de 200 projetos técnicos para marcas no Brasil, EUA e México. Em 2024, consolidou-se como um dos maiores autores de livros técnicos da nova geração, com mais de 180 títulos publicados em seis idiomas. Seu trabalho tem como base o protocolo próprio de escrita técnica aplicada TECHWRITE 2.3, voltado à escalabilidade, precisão conceitual e aplicabilidade prática em ambientes profissionais.

APRESENTAÇÃO DO LIVRO

Vivemos na era da explosão dos dados. A cada segundo, empresas ao redor do mundo geram, armazenam e analisam uma quantidade de informações sem precedentes. No entanto, esse crescimento exponencial dos dados trouxe desafios igualmente complexos: como gerenciar grandes volumes de informações de forma ágil, eficiente e confiável? Como garantir que esses dados sejam acessíveis para tomada de decisão em tempo real? Como evitar a fragmentação e o desperdício de recursos na gestão da informação?

É aqui que o **DataOps** se torna essencial. Mais do que uma metodologia, o DataOps representa uma nova forma de pensar a cadeia de valor dos dados, combinando práticas ágeis, automação e colaboração entre equipes para transformar o caos dos dados brutos em insights valiosos para os negócios. Grandes empresas como Google, Amazon e Netflix já adotaram estratégias de DataOps para garantir vantagem competitiva, reduzindo o tempo necessário para transformar dados em ação. E agora, com este livro, você terá acesso a esse conhecimento de forma estruturada e aplicada ao seu contexto.

Se você quer se tornar um profissional de destaque no mundo da tecnologia e dos negócios, dominar **DataOps para Negócios** não é mais uma opção—é um requisito fundamental. Com este guia, você aprenderá a estruturar processos, automatizar fluxos de dados e garantir qualidade e governança, tudo com um olhar estratégico e prático.

O Que Você Vai Encontrar Neste Livro

Este livro foi desenvolvido para oferecer uma abordagem didática e aplicada sobre DataOps, cobrindo desde os conceitos fundamentais até a implementação em cenários reais. Ao longo dos capítulos, você será guiado por um percurso lógico, onde cada seção contribui para a construção de um conhecimento sólido e aplicável.

A seguir, apresentamos um resumo de cada um dos capítulos para que você saiba exatamente o que esperar e como cada um deles contribuirá para sua formação em DataOps.

PARTE 1: FUNDAMENTOS DO DATAOPS

Capítulo 1 – O que é DataOps?
Neste primeiro capítulo, você entenderá a essência do DataOps: o que é, de onde surgiu e por que ele se tornou um diferencial para empresas que desejam extrair valor estratégico de seus dados. Exploraremos as diferenças entre DataOps, DevOps e MLOps, mostrando como cada abordagem se aplica ao ciclo de vida dos dados.

Capítulo 2 – Princípios do DataOps
Aqui, você conhecerá os pilares do DataOps, incluindo automação, qualidade, governança e colaboração entre equipes. Veremos como esses princípios ajudam empresas a evitar silos de dados e aumentar a eficiência na entrega de insights.

Capítulo 3 – Arquitetura DataOps
Este capítulo aborda os principais componentes da arquitetura DataOps, desde pipelines de dados até sistemas de orquestração e monitoramento. Você entenderá como estruturar um fluxo de

dados eficiente e escalável para sua organização.

Capítulo 4 – Cultura e Mentalidade DataOps

A implementação do DataOps vai além de ferramentas e processos—ela exige uma mudança de mentalidade. Aqui, exploramos como criar uma cultura DataOps dentro das empresas, promovendo a colaboração entre engenheiros, analistas e líderes de negócios.

PARTE 2: IMPLEMENTAÇÃO PRÁTICA

Capítulo 5 – Construindo Pipelines de Dados Ágeis

Você aprenderá como construir pipelines de dados eficientes, garantindo que as informações fluam de forma automatizada e confiável entre diferentes sistemas.

Capítulo 6 – DataOps e Cloud Computing

Este capítulo explora a relação entre DataOps e computação em nuvem, abordando ferramentas como AWS, Azure e Google Cloud para otimizar o armazenamento e o processamento de dados.

Capítulo 7 – Qualidade e Governança de Dados

A integridade e segurança dos dados são fundamentais. Aqui, veremos estratégias para garantir a conformidade regulatória e a qualidade dos dados ao longo do pipeline.

Capítulo 8 – Automação e Integração Contínua (CI/CD) para

Dados
Você entenderá como aplicar os princípios de CI/CD ao DataOps, garantindo entregas contínuas e evitando problemas comuns como inconsistência e falta de versionamento.

Capítulo 9 – Observabilidade e Monitoramento de Dados
Neste capítulo, abordaremos as melhores práticas para rastrear, auditar e monitorar o fluxo de dados, garantindo a confiabilidade dos processos e prevenindo falhas.

PARTE 3: DATAOPS NA PRÁTICA – CASOS REAIS

Capítulo 10 – DataOps para Inteligência Empresarial (BI)
Descubra como DataOps pode melhorar relatórios e dashboards, tornando as análises de Business Intelligence mais eficientes e precisas.

Capítulo 11 – DataOps no Big Data e Machine Learning
Este capítulo explora como DataOps pode acelerar o desenvolvimento e a implantação de modelos de Machine Learning, garantindo um fluxo contínuo de dados para os algoritmos.

Capítulo 12 – DataOps em Finanças e Bancos
Você verá como o setor financeiro utiliza DataOps para melhorar a detecção de fraudes, garantir compliance e otimizar transações.

Capítulo 13 – DataOps no E-commerce e Marketing
Empresas de varejo digital dependem de dados para personalizar

campanhas e melhorar a experiência do usuário. Aqui, veremos exemplos reais de como DataOps impacta o setor.

Capítulo 14 – DataOps para Saúde e Biotecnologia
Da gestão de prontuários eletrônicos à análise genômica, DataOps está revolucionando o setor da saúde.

PARTE 4: FUTURO E MELHORES PRÁTICAS

Capítulo 15 – Estratégias para Times de DataOps
Como montar e estruturar uma equipe eficiente de DataOps dentro de uma organização.

Capítulo 16 – Segurança e Privacidade no DataOps
Abordaremos práticas essenciais para proteger dados sensíveis e cumprir regulamentações como LGPD e GDPR.

Capítulo 17 – Tendências e Inovações no DataOps
Quais são as inovações que estão moldando o futuro do DataOps? Exploramos temas como IA, computação quântica e automação inteligente.

Capítulo 18 – Como Implementar DataOps na Sua Empresa
Um guia prático para quem deseja começar a aplicar DataOps na organização, incluindo um checklist detalhado.

PARTE 5: CONCLUSÃO E REFLEXÃO

Capítulo 19 – Casos de Sucesso e Lições Aprendidas

Vamos analisar casos reais de empresas que implementaram DataOps e os benefícios que obtiveram.

Capítulo 20 – O Futuro das Decisões Baseadas em Dados
Encerramos com uma reflexão sobre o impacto do DataOps no futuro da tomada de decisão empresarial.

Siga na Sua Jornada de Aprendizado

O conhecimento em DataOps pode ser o diferencial que impulsionará sua carreira ou transformará sua empresa. Este livro oferece um guia prático e completo, combinando teoria, aplicações e estratégias para que você domine esse novo paradigma da gestão de dados.

Não perca a oportunidade de se tornar um especialista em DataOps. Continue sua leitura e prepare-se para dominar os dados com eficiência e inovação!

CAPÍTULO 1 – O QUE É DATAOPS?

DataOps é uma metodologia projetada para otimizar a entrega e a gestão de dados em organizações que dependem fortemente de processos ágeis e automação. O conceito surgiu da necessidade de melhorar a colaboração entre equipes de dados, garantir a qualidade das informações e acelerar a geração de insights acionáveis para os negócios. Ao combinar princípios de desenvolvimento ágil, DevOps e gestão de dados, DataOps permite que empresas operem com maior eficiência e adaptabilidade.

A evolução dos dados e o crescimento exponencial das informações coletadas por empresas levaram à necessidade de um modelo estruturado que pudesse facilitar a organização e o processamento dessas informações. À medida que tecnologias como inteligência artificial, aprendizado de máquina e big data se tornaram centrais para a estratégia empresarial, tornou-se evidente que métodos tradicionais de gerenciamento de dados não eram suficientes para atender à demanda.

Os primeiros sinais de DataOps surgiram com a necessidade de integrar práticas de engenharia de software às operações de dados, aplicando automação, versionamento e controle de qualidade ao fluxo de informações. O objetivo é garantir que os dados estejam sempre disponíveis, confiáveis e prontos para serem usados nas tomadas de decisão.

A metodologia DataOps não se limita a um conjunto de ferramentas ou tecnologias específicas. Ela envolve uma abordagem disciplinada para gerenciar dados de ponta a ponta, desde a coleta até a entrega para análise. Com processos bem definidos, DataOps facilita a integração entre diferentes plataformas e sistemas, permitindo que os dados fluam de forma eficiente e segura por toda a organização.

Empresas que adotam DataOps conseguem reduzir significativamente o tempo necessário para transformar dados em insights práticos. Além disso, a metodologia ajuda a eliminar gargalos operacionais, promovendo um ambiente mais colaborativo entre cientistas de dados, engenheiros de dados e equipes de TI.

A principal diferença entre DataOps e abordagens tradicionais de gerenciamento de dados está na automação e na integração contínua. Em vez de depender de processos manuais demorados, DataOps automatiza a coleta, transformação e entrega de dados, garantindo consistência e confiabilidade. Esse modelo se baseia na filosofia ágil, permitindo que mudanças sejam implementadas rapidamente sem comprometer a qualidade dos dados.

Diferenças entre DataOps, DevOps e MLOps

Embora compartilhem conceitos semelhantes, DataOps, DevOps e MLOps têm propósitos distintos dentro do ecossistema de tecnologia.

DevOps é uma prática voltada para a integração entre desenvolvimento e operações, focando na automação do ciclo de vida do software. Ele busca reduzir o tempo entre a escrita do código e sua implantação em produção, garantindo que novos recursos sejam entregues de maneira rápida e confiável.

DataOps, por outro lado, aplica esses mesmos princípios ao fluxo de dados. A preocupação principal não está no desenvolvimento de software, mas na criação de pipelines de dados que garantam qualidade, segurança e governança. DataOps introduz práticas como versionamento de dados, testes automatizados e monitoramento contínuo para garantir que a informação esteja sempre disponível e atualizada.

MLOps é uma extensão dessas práticas voltada para o aprendizado de máquina. Ele foca na automação do ciclo de vida de modelos de machine learning, desde a experimentação até a implantação em produção. O objetivo é garantir que os modelos sejam atualizados regularmente e que os dados utilizados para treiná-los sejam confiáveis e representativos.

A tabela abaixo resume as principais diferenças entre essas metodologias:

Característica	DevOps	DataOps	MLOps
Foco principal	Desenvolvimento de software	Processamento e entrega de dados	Modelos de aprendizado de máquina
Automação	CI/CD para código	CI/CD para pipelines de dados	CI/CD para modelos de machine learning
Qualidade	Testes automatizados de software	Testes automatizados de dados	Monitoramento e retraining de modelos
Governança	Controle de versão do código	Controle de versão dos dados	Controle de versão dos modelos

Embora distintos, esses conceitos podem coexistir dentro de uma organização. Empresas que utilizam DataOps frequentemente integram práticas de DevOps e MLOps para garantir um fluxo de trabalho eficiente.

Benefícios do DataOps para negócios

A adoção de DataOps traz vantagens significativas para

empresas que dependem de dados para tomar decisões estratégicas. Ao otimizar a coleta, processamento e análise de informações, a metodologia permite que as organizações operem com maior agilidade e confiabilidade.

Um dos principais benefícios de DataOps é a redução do tempo necessário para transformar dados em insights acionáveis. Empresas que dependem de processos tradicionais frequentemente enfrentam atrasos na entrega de relatórios e análises devido a gargalos operacionais. Com DataOps, esses gargalos são eliminados por meio da automação e integração contínua, garantindo que os dados estejam sempre disponíveis para uso.

Outro benefício importante é a melhoria na qualidade dos dados. DataOps incorpora práticas de validação e monitoramento contínuo, garantindo que erros sejam detectados e corrigidos rapidamente. Isso é essencial para organizações que dependem de informações precisas para otimizar suas operações.

A segurança e governança também são aprimoradas com DataOps. A metodologia permite que empresas estabeleçam controles rigorosos sobre o acesso e uso dos dados, garantindo conformidade com regulamentações como LGPD e GDPR. Além disso, o versionamento de dados e a rastreabilidade facilitam auditorias e investigações internas.

A colaboração entre equipes é outro aspecto fundamental de DataOps. Em muitas empresas, cientistas de dados, engenheiros e analistas trabalham de forma isolada, resultando em silos de informação. DataOps promove uma abordagem integrada, permitindo que diferentes times compartilhem conhecimento e recursos de maneira eficiente.

O impacto financeiro também é significativo. Ao reduzir desperdícios e otimizar o uso de infraestrutura, DataOps permite que empresas economizem recursos e aumentem a eficiência operacional. Isso se traduz em maior retorno sobre investimento para projetos baseados em dados.

Implementação de DataOps

A adoção de DataOps exige mudanças culturais e estruturais dentro das empresas. O primeiro passo é definir um pipeline de dados eficiente, garantindo que todas as etapas — desde a ingestão até a análise — sejam automatizadas e monitoradas.

A escolha de ferramentas adequadas também é essencial. Plataformas como Apache Airflow, Kubernetes e Spark são amplamente utilizadas para orquestrar e processar dados em larga escala. A integração com serviços de nuvem como AWS, Google Cloud e Azure facilita a escalabilidade e a gestão da infraestrutura.

A implementação de testes automatizados é outro aspecto crucial. Assim como no desenvolvimento de software, DataOps exige que a qualidade dos dados seja validada continuamente. Ferramentas como Great Expectations permitem criar testes automatizados para garantir a integridade das informações.

O monitoramento contínuo também deve fazer parte da estratégia. A utilização de dashboards e alertas facilita a detecção de anomalias e permite que equipes de dados reajam rapidamente a qualquer problema.

Outro fator crítico é a documentação e o versionamento de dados. DataOps incentiva o uso de repositórios de código para armazenar e gerenciar pipelines, garantindo rastreabilidade e controle sobre as modificações.

A implementação bem-sucedida de DataOps depende do envolvimento de toda a organização. Líderes de tecnologia devem promover a adoção da metodologia e garantir que as equipes tenham acesso a treinamentos e recursos necessários.

À medida que mais empresas reconhecem a importância de DataOps, sua adoção tende a se expandir rapidamente. Com processos bem estruturados e a combinação correta de ferramentas, DataOps pode transformar a forma como os dados são gerenciados, tornando as organizações mais ágeis, inovadoras e competitivas.

CAPÍTULO 2 – PRINCÍPIOS DO DATAOPS

A transformação digital tornou os dados um ativo essencial para empresas que buscam inovação e vantagem competitiva. Processos eficientes de coleta, processamento e análise de informações dependem de uma estrutura ágil e bem organizada. O DataOps surge como um modelo que combina automação, governança, qualidade e colaboração contínua para garantir que os dados fluam de maneira confiável e rápida entre os sistemas.

Empresas que adotam DataOps conseguem acelerar a entrega de insights, reduzir erros e manter a integridade das informações sem comprometer a segurança e a conformidade regulatória. Os princípios fundamentais dessa abordagem incluem automação e agilidade na gestão de dados, qualidade e governança rigorosas e uma forte cultura de colaboração entre equipes.

Automação e agilidade na gestão de dados

A automação reduz a intervenção manual, minimiza erros e garante que os processos sejam executados com maior rapidez e consistência. Fluxos de trabalho manuais resultam em atrasos e falhas na entrega de informações críticas. Com DataOps, a integração de ferramentas permite criar pipelines de dados que automatizam desde a coleta até a disponibilização para análise.

Pipelines bem estruturados organizam a extração, transformação e carga de dados de forma eficiente. Plataformas como Apache Airflow, Prefect e Dagster possibilitam a orquestração desses fluxos, garantindo que cada etapa seja executada no momento correto.

A implementação de pipelines permite que empresas programem processos automatizados para ingestão contínua de dados. Um fluxo típico envolve a obtenção de informações de bancos de dados transacionais, APIs externas ou sensores IoT, seguido pelo processamento e armazenamento em um data lake ou data warehouse.

O código abaixo representa um pipeline automatizado utilizando Apache Airflow para ingerir dados de um banco relacional, transformá-los e carregá-los para um ambiente de análise:

python

```python
from airflow import DAG
from airflow.operators.python import PythonOperator
from datetime import datetime
import pandas as pd
import sqlalchemy

def extract_data():
    engine = sqlalchemy.create_engine("postgresql://user:password@host/db")
    query = "SELECT * FROM sales_data WHERE date >= CURRENT_DATE - INTERVAL '1 day'"
    df = pd.read_sql(query, engine)
    df.to_csv('/tmp/extracted_data.csv', index=False)

def transform_data():
    df = pd.read_csv('/tmp/extracted_data.csv')
    df['total_price'] = df['quantity'] * df['unit_price']
    df.to_csv('/tmp/transformed_data.csv', index=False)

def load_data():
    engine = sqlalchemy.create_engine("postgresql://
```

```
user:password@host/analytics_db")
    df = pd.read_csv('/tmp/transformed_data.csv')
    df.to_sql('processed_sales', engine, if_exists='replace',
index=False)

dag = DAG(
    'dataops_pipeline',
    schedule_interval='@daily',
    start_date=datetime(2024, 1, 1),
    catchup=False
)

extract_task = PythonOperator(task_id='extract',
python_callable=extract_data, dag=dag)
transform_task = PythonOperator(task_id='transform',
python_callable=transform_data, dag=dag)
load_task = PythonOperator(task_id='load',
python_callable=load_data, dag=dag)

extract_task >> transform_task >> load_task
```

Esse fluxo programado para rodar diariamente extrai dados de um banco, executa transformações e os carrega para um ambiente de análise. A estrutura modular permite que cada etapa seja monitorada e otimizada conforme necessário.

A automação também está presente no versionamento e controle de alterações nos dados. Ferramentas como DVC (Data Version Control) possibilitam rastrear mudanças nos conjuntos de dados, garantindo que análises e modelos de machine learning sejam reproduzíveis.

Qualidade, governança e observabilidade

A qualidade dos dados influencia diretamente na confiabilidade dos insights extraídos. Um erro no pipeline pode comprometer relatórios financeiros, previsões de demanda e decisões estratégicas. Práticas rigorosas de validação garantem que apenas informações corretas e coerentes sejam utilizadas.

A aplicação de testes automatizados permite detectar inconsistências e anomalias antes que os dados sejam disponibilizados para análise. Uma abordagem comum é utilizar frameworks como Great Expectations para definir testes automatizados.

python

```python
import great_expectations as ge

df = ge.read_csv("/tmp/transformed_data.csv")

expectation_suite = {
    "expect_column_values_to_be_between": {
        "column": "total_price",
        "min_value": 0,
        "max_value": 10000
    },
    "expect_column_values_to_not_be_null": {
        "column": "customer_id"
    }
}

for expectation, params in expectation_suite.items():
    getattr(df, expectation)(**params)
```

Esse código verifica se os valores da coluna total_price estão dentro de um intervalo esperado e se customer_id não contém valores nulos.

A governança de dados define regras para garantir conformidade com normas regulatórias e padrões internos de segurança. Empresas que operam em setores altamente regulamentados, como financeiro e saúde, precisam garantir que informações sensíveis sejam protegidas e acessadas apenas por usuários autorizados.

A implementação de controle de acesso baseado em funções (RBAC) é uma prática comum. Soluções como AWS IAM, Azure AD e Apache Ranger permitem definir permissões para usuários e grupos, garantindo que apenas pessoas autorizadas possam modificar ou visualizar determinados conjuntos de dados.

A observabilidade permite monitorar a integridade dos pipelines e detectar problemas em tempo real. Logs e métricas detalhadas facilitam a identificação de falhas e a rápida correção de incidentes. Sistemas como Prometheus e Grafana permitem visualizar o desempenho dos pipelines e gerar alertas para eventos críticos.

Colaboração entre equipes de dados

A integração entre equipes técnicas e de negócio é fundamental para o sucesso do DataOps. Cientistas de dados, engenheiros de dados e analistas precisam compartilhar informações e trabalhar em conjunto para garantir que os dados atendam às necessidades organizacionais.

Uma abordagem eficiente é a adoção de plataformas colaborativas que centralizam o gerenciamento de dados e documentação. Ferramentas como dbt (Data Build Tool) permitem que diferentes times contribuam para a construção e manutenção de modelos de dados, garantindo transparência e consistência.

A cultura de compartilhamento de conhecimento também é incentivada por meio de documentação e versionamento de código. Repositórios Git armazenam pipelines, scripts e configurações, permitindo que qualquer alteração seja revisada e rastreada.

A comunicação entre times é facilitada pelo uso de metodologias ágeis, como Scrum e Kanban. A definição de sprints curtas e reuniões diárias mantém todos alinhados sobre o progresso dos projetos e permite a rápida adaptação a mudanças nos requisitos.

A padronização de processos e a automação reduzem a dependência de tarefas manuais, permitindo que as equipes foquem em atividades de maior valor agregado. Ferramentas de CI/CD para dados garantem que novas implementações sejam testadas e validadas antes da implantação em produção.

O alinhamento entre tecnologia e objetivos de negócio garante que os dados sejam utilizados de forma estratégica. A colaboração entre diferentes áreas da empresa permite que desafios sejam identificados e resolvidos de maneira proativa.

A aplicação dos princípios de DataOps resulta em maior eficiência operacional, redução de custos e aumento da confiabilidade das análises. Empresas que adotam essas práticas obtêm uma visão mais clara de seus dados e podem tomar decisões baseadas em informações precisas e atualizadas.

CAPÍTULO 3 - ARQUITETURA DATAOPS

A arquitetura DataOps é um modelo estruturado que permite a automação, escalabilidade e governança dos processos de dados dentro de uma organização. Seu objetivo é garantir que as informações fluam de maneira eficiente, confiável e segura, desde a origem até os consumidores finais, reduzindo o tempo necessário para transformar dados brutos em insights acionáveis.

A implementação de DataOps exige uma infraestrutura robusta e componentes bem definidos para que os fluxos de dados sejam executados de maneira automatizada e monitorada continuamente. Essa estrutura se baseia em três pilares principais: pipelines de dados, orquestração e monitoramento.

Componentes essenciais: pipelines, orquestração e monitoramento

Os pipelines de dados são fluxos automatizados que garantem a movimentação, transformação e armazenamento das informações. Um pipeline bem projetado permite que os dados sejam extraídos de diferentes fontes, processados e disponibilizados para consumo sem intervenção manual.

A construção de pipelines envolve a definição de fontes de dados, processamento e destino final. Fontes podem incluir bancos de dados relacionais, APIs, arquivos CSV ou sistemas de streaming. O processamento pode envolver transformações, agregações e validações, enquanto o destino final pode ser um data warehouse, um sistema de relatórios ou uma aplicação de machine learning.

A automação desses fluxos é fundamental para garantir consistência e escalabilidade. Ferramentas como Apache Airflow e Prefect permitem definir pipelines de maneira modular, garantindo que cada etapa possa ser monitorada e reiniciada automaticamente em caso de falhas.

O código abaixo exemplifica um pipeline utilizando Apache Airflow para processar dados de vendas e armazená-los em um ambiente de análise:

python

```python
from airflow import DAG
from airflow.operators.python import PythonOperator
from datetime import datetime
import pandas as pd
import sqlalchemy

def extract_data():
    engine = sqlalchemy.create_engine("mysql://
user:password@host/sales_db")
    query = "SELECT * FROM transactions WHERE date >=
CURDATE() - INTERVAL 1 DAY"
    df = pd.read_sql(query, engine)
    df.to_csv('/tmp/extracted_data.csv', index=False)

def transform_data():
    df = pd.read_csv('/tmp/extracted_data.csv')
    df['total_price'] = df['quantity'] * df['unit_price']
    df.to_csv('/tmp/transformed_data.csv', index=False)

def load_data():
    engine = sqlalchemy.create_engine("postgresql://
user:password@host/analytics_db")
```

```
df = pd.read_csv('/tmp/transformed_data.csv')
df.to_sql('processed_sales', engine, if_exists='replace',
index=False)

dag = DAG(
    'sales_data_pipeline',
    schedule_interval='@daily',
    start_date=datetime(2024, 1, 1),
    catchup=False
)

extract_task = PythonOperator(task_id='extract',
python_callable=extract_data, dag=dag)
transform_task = PythonOperator(task_id='transform',
python_callable=transform_data, dag=dag)
load_task = PythonOperator(task_id='load',
python_callable=load_data, dag=dag)

extract_task >> transform_task >> load_task
```

Essa estrutura define um fluxo de trabalho automatizado para extrair dados de um banco MySQL, processá-los e armazená-los em um banco analítico PostgreSQL. A modularidade do código permite adicionar novas transformações ou ajustar as etapas conforme necessário.

A orquestração de pipelines garante que diferentes processos de dados sejam executados na ordem correta e com dependências bem definidas. A execução eficiente de fluxos de dados exige um sistema que possa coordenar tarefas, definir prioridades e gerenciar falhas.

Plataformas de orquestração, como Apache Airflow, Apache NiFi e Dagster, permitem agendar e controlar tarefas distribuídas, garantindo que processos críticos sejam executados no momento adequado. A integração com serviços de computação em nuvem possibilita escalabilidade e flexibilidade na gestão de workloads complexos.

O monitoramento contínuo dos pipelines de dados permite detectar falhas rapidamente e evitar impactos negativos na operação. O acompanhamento de métricas como tempo de execução, taxa de erro e volume de dados processados ajuda a identificar gargalos e otimizar o desempenho dos fluxos de trabalho.

Ferramentas como Prometheus e Grafana são amplamente utilizadas para coletar e visualizar métricas em tempo real. A configuração de alertas permite que equipes técnicas sejam notificadas automaticamente sobre falhas ou degradações no desempenho dos pipelines.

Infraestrutura de dados: on-premise vs. cloud

A escolha da infraestrutura de dados depende de fatores como volume de dados, requisitos de segurança e custos operacionais. Empresas podem optar por armazenar e processar seus dados em ambientes on-premise, na nuvem ou em uma abordagem híbrida.

Ambientes on-premise oferecem maior controle sobre a infraestrutura e podem ser vantajosos para empresas que lidam com dados altamente sensíveis. No entanto, a manutenção e escalabilidade desse tipo de ambiente exigem investimentos significativos em hardware, licenciamento e equipe técnica especializada.

A computação em nuvem oferece flexibilidade e escalabilidade, permitindo que empresas aumentem ou reduzam sua capacidade de processamento conforme a demanda. Provedores como AWS, Azure e Google Cloud oferecem serviços gerenciados que simplificam a implementação de pipelines de dados, reduzindo a necessidade de infraestrutura própria.

A adoção de arquiteturas híbridas permite que organizações combinem os benefícios de ambos os modelos. Dados críticos podem ser armazenados localmente para garantir conformidade regulatória, enquanto workloads analíticos podem ser processados na nuvem para aproveitar a escalabilidade dos serviços gerenciados.

Ferramentas e tecnologias principais

A implementação de DataOps depende da escolha de ferramentas adequadas para cada etapa do fluxo de dados. Diversas soluções estão disponíveis para facilitar a automação, orquestração e monitoramento dos processos de dados.

Para pipelines de dados, Apache Airflow, Apache NiFi e Prefect são amplamente utilizados para definir e gerenciar fluxos de trabalho automatizados. Essas plataformas permitem que tarefas sejam programadas, monitoradas e escaladas conforme necessário.

O armazenamento e processamento de dados podem ser otimizados com soluções como Snowflake, Google BigQuery e Amazon Redshift, que oferecem desempenho otimizado para consultas analíticas em larga escala.

Para garantir qualidade e governança, ferramentas como Great Expectations, dbt e Apache Atlas permitem implementar testes automatizados, rastreamento de metadados e conformidade regulatória.

O monitoramento e observabilidade são essenciais para detectar problemas e otimizar o desempenho dos pipelines. Sistemas como Prometheus, Grafana e Datadog fornecem métricas detalhadas e alertas para garantir que os processos estejam operando conforme esperado.

A integração dessas tecnologias permite que organizações implementem DataOps de maneira eficiente, garantindo que os dados sejam processados e entregues com confiabilidade. A escolha das ferramentas deve considerar a escalabilidade, custo e compatibilidade com os sistemas já utilizados pela empresa.

A arquitetura DataOps bem planejada permite que os dados fluam de maneira estruturada e segura, reduzindo o tempo necessário para análise e tomada de decisão. A combinação de pipelines automatizados, orquestração eficiente e monitoramento contínuo resulta em um ambiente de dados mais ágil e resiliente, capaz de atender às necessidades estratégicas das organizações.

CAPÍTULO 4 – CULTURA E MENTALIDADE DATAOPS

A adoção de DataOps vai além da implementação de ferramentas e metodologias. A transformação real ocorre quando uma organização desenvolve uma cultura orientada à eficiência, colaboração e automação na gestão dos dados. Uma mentalidade DataOps permite que as equipes trabalhem de forma integrada, eliminando barreiras entre departamentos e garantindo que os dados sejam tratados como um ativo estratégico.

A cultura DataOps enfatiza princípios como colaboração contínua, transparência, melhoria incremental e mentalidade ágil. A criação desse ambiente requer mudanças estruturais, capacitação dos profissionais envolvidos e um comprometimento com boas práticas que garantam eficiência e confiabilidade no fluxo de dados.

Como construir uma cultura DataOps nas empresas

Empresas que desejam implementar DataOps precisam reformular seus processos internos e estabelecer diretrizes claras sobre o tratamento dos dados. A transformação cultural envolve aspectos técnicos e organizacionais, garantindo que toda a equipe entenda a importância de automatizar e padronizar os fluxos de dados.

A liderança tem um papel essencial na criação de uma cultura DataOps. Diretores e gestores devem reforçar a necessidade de um ambiente orientado a dados e apoiar iniciativas que promovam a integração entre times. A definição de métricas de desempenho e indicadores de qualidade de dados ajuda a demonstrar os benefícios da abordagem DataOps e incentiva a adesão dos profissionais envolvidos.

A adoção de DataOps depende da capacitação das equipes. A formação contínua em tecnologias de automação, versionamento de dados, monitoramento e orquestração permite que os profissionais atuem de maneira mais eficiente e estratégica. Programas de treinamento internos e acesso a certificações garantem que os colaboradores estejam preparados para lidar com as mudanças nos processos.

A implementação de padrões e boas práticas acelera a adoção do DataOps. O uso de frameworks de governança e ferramentas de automação garante que os processos sejam replicáveis e auditáveis. O versionamento de dados e a documentação clara dos pipelines são elementos fundamentais para garantir a rastreabilidade e a conformidade regulatória.

Os fluxos de trabalho automatizados e as revisões contínuas evitam a dependência de processos manuais demorados e reduzem a ocorrência de erros. A estruturação de pipelines escaláveis e monitorados permite que os dados sejam processados e entregues de forma eficiente, aumentando a confiabilidade e a disponibilidade das informações para análise.

Quebra de silos e colaboração multidisciplinar

A fragmentação das equipes de dados prejudica a eficiência dos processos e dificulta a entrega de insights valiosos para o negócio. A cultura DataOps promove a colaboração entre engenheiros de dados, analistas, cientistas de dados e profissionais de negócios, eliminando silos e incentivando o compartilhamento de informações.

A quebra de silos ocorre quando os times adotam processos e ferramentas que incentivam a integração. A centralização dos dados em repositórios acessíveis e a utilização de plataformas colaborativas reduzem a duplicação de esforços e garantem que todas as áreas tenham acesso às mesmas informações.

A criação de times multidisciplinares acelera a implementação do DataOps. A formação de squads que reúnam profissionais de diferentes especialidades permite que as soluções sejam desenvolvidas e validadas de maneira mais eficiente. A integração entre times técnicos e áreas de negócios garante que os dados sejam analisados dentro do contexto adequado e que os insights gerados sejam acionáveis.

O uso de ferramentas de versionamento e gerenciamento de código, como Git, facilita a colaboração. O armazenamento de pipelines em repositórios compartilhados permite que diferentes equipes contribuam para a melhoria dos processos, garantindo rastreabilidade e controle de alterações.

A comunicação eficiente é essencial para a colaboração multidisciplinar. O uso de metodologias ágeis, como Scrum e Kanban, ajuda a estruturar o trabalho das equipes e garantir a entrega contínua de melhorias nos processos de dados. Reuniões de alinhamento frequentes e o uso de dashboards de monitoramento permitem que todos acompanhem o progresso das iniciativas de DataOps.

A transparência na gestão dos dados fortalece a colaboração. O acesso controlado e bem documentado aos fluxos de dados reduz a dependência de conhecimento específico e permite que novos membros das equipes se integrem rapidamente às operações.

Ciclo de vida dos dados e mentalidade ágil

O DataOps introduz uma abordagem iterativa para a gestão dos dados, permitindo que os processos sejam continuamente aprimorados e ajustados conforme as necessidades do negócio evoluem. A aplicação de metodologias ágeis nos fluxos de dados garante que as equipes possam responder rapidamente a novas demandas e corrigir falhas com eficiência.

O ciclo de vida dos dados em DataOps segue etapas bem definidas: coleta, ingestão, processamento, análise, disponibilização e monitoramento contínuo. Cada uma dessas fases deve ser automatizada e integrada, garantindo que os dados sejam entregues com qualidade e no tempo adequado.

A automação da coleta de dados reduz o tempo necessário para disponibilizar informações para análise. A implementação de pipelines estruturados permite que dados de diferentes fontes sejam ingeridos de forma padronizada e sem intervenção manual.

O processamento de dados é otimizado por meio da aplicação de transformações automatizadas e do uso de tecnologias escaláveis. A implementação de frameworks como dbt permite a padronização de transformações e a reutilização de modelos, garantindo eficiência operacional.

A disponibilização dos dados ocorre de maneira ágil, permitindo que analistas e tomadores de decisão tenham acesso imediato às informações necessárias. A integração com plataformas de Business Intelligence e painéis interativos facilita a visualização e interpretação dos dados.

O monitoramento contínuo dos pipelines de dados garante que problemas sejam identificados rapidamente. A configuração de alertas e dashboards de observabilidade permite que equipes técnicas atuem proativamente na correção de falhas.

A adoção de uma mentalidade ágil na gestão dos dados permite que os processos sejam ajustados de maneira incremental. Pequenas melhorias contínuas garantem que os fluxos de trabalho evoluam de acordo com as necessidades do negócio e que a qualidade dos dados seja mantida ao longo do tempo.

A estruturação de um ambiente de testes automatizados para os dados reduz riscos e garante que as alterações nos pipelines sejam validadas antes de serem implantadas. Ferramentas como

Great Expectations possibilitam a criação de testes para verificar a qualidade das informações processadas.

A incorporação de práticas de DevOps no DataOps fortalece a confiabilidade dos processos. O uso de integração contínua e deploy contínuo (CI/CD) permite que novas versões dos pipelines sejam implementadas de forma segura e sem impacto nas operações.

A mentalidade ágil aplicada ao DataOps transforma a maneira como as empresas gerenciam seus dados. A adoção de ciclos curtos de desenvolvimento, a validação constante das entregas e o foco na automação garantem maior eficiência e confiabilidade no tratamento das informações.

A criação de uma cultura DataOps exige comprometimento organizacional e mudanças estruturais nos processos de gestão de dados. A colaboração entre equipes, a quebra de silos e a aplicação de metodologias ágeis garantem que as empresas possam extrair o máximo valor dos seus dados e tomar decisões estratégicas baseadas em informações confiáveis.

CAPÍTULO 5 – CONSTRUINDO PIPELINES DE DADOS ÁGEIS

A construção de pipelines de dados eficientes é fundamental para garantir que as informações fluam de maneira estruturada e confiável dentro de uma organização. A automação dos fluxos reduz o tempo necessário para processar e entregar insights, minimiza erros e aumenta a escalabilidade dos sistemas. O uso de técnicas modernas de ETL (Extract, Transform, Load) e ELT (Extract, Load, Transform) possibilita que os dados sejam manipulados de forma otimizada, atendendo às demandas analíticas e operacionais.

A implementação de pipelines bem projetados permite que os dados sejam coletados, transformados e carregados para diferentes destinos sem intervenção manual. O monitoramento contínuo e a geração de logs detalhados garantem que os processos sejam auditáveis e que falhas sejam detectadas rapidamente.

Automação de fluxos de dados

A automação dos pipelines elimina a necessidade de execução manual de tarefas repetitivas e reduz a chance de inconsistências nos dados. O uso de ferramentas de orquestração possibilita que processos sejam encadeados de maneira eficiente, garantindo que cada etapa ocorra na ordem correta e no momento adequado.

Plataformas como Apache Airflow, Prefect e Dagster permitem a definição de fluxos de trabalho automatizados que coordenam a execução de diferentes tarefas dentro do pipeline. A configuração de dependências entre tarefas garante que nenhuma etapa seja iniciada antes que os pré-requisitos sejam concluídos.

A criação de pipelines reutilizáveis e modulares melhora a manutenção e escalabilidade dos processos de dados. A definição de tarefas isoladas permite que componentes individuais sejam modificados ou substituídos sem afetar todo o fluxo.

A implementação de um pipeline automatizado utilizando Apache Airflow pode ser feita da seguinte forma:

python

```python
from airflow import DAG
from airflow.operators.python import PythonOperator
from datetime import datetime
import pandas as pd
import sqlalchemy

def extract_data():
    engine = sqlalchemy.create_engine("postgresql://
user:password@host/db")
    query = "SELECT * FROM sales_data WHERE date >=
CURRENT_DATE - INTERVAL '1 day'"
    df = pd.read_sql(query, engine)
    df.to_csv('/tmp/extracted_data.csv', index=False)

def transform_data():
    df = pd.read_csv('/tmp/extracted_data.csv')
    df['total_price'] = df['quantity'] * df['unit_price']
    df.to_csv('/tmp/transformed_data.csv', index=False)
```

```python
def load_data():
    engine = sqlalchemy.create_engine("postgresql://
user:password@host/analytics_db")
    df = pd.read_csv('/tmp/transformed_data.csv')
    df.to_sql('processed_sales', engine, if_exists='replace',
index=False)

dag = DAG(
    'dataops_pipeline',
    schedule_interval='@daily',
    start_date=datetime(2024, 1, 1),
    catchup=False
)

extract_task = PythonOperator(task_id='extract',
python_callable=extract_data, dag=dag)
transform_task = PythonOperator(task_id='transform',
python_callable=transform_data, dag=dag)
load_task = PythonOperator(task_id='load',
python_callable=load_data, dag=dag)

extract_task >> transform_task >> load_task
```

O fluxo de trabalho está estruturado para extrair dados de um banco PostgreSQL, realizar transformações e armazená-los em um ambiente analítico. A execução diária garante que novas informações sejam processadas automaticamente sem necessidade de intervenção humana.

A integração de pipelines com serviços em nuvem permite que os dados sejam processados em larga escala com alta disponibilidade. Plataformas como AWS Step Functions, Google Cloud Dataflow e Azure Data Factory oferecem soluções gerenciadas para a orquestração de fluxos de dados complexos.

Melhores práticas para ETL/ELT eficientes

A escolha entre ETL e ELT depende do volume e da complexidade dos dados, além das necessidades analíticas da empresa. O ETL tradicional envolve a extração e transformação dos dados antes de carregá-los no sistema de destino. O ELT inverte essa ordem, carregando os dados brutos antes de aplicar transformações dentro do próprio ambiente de armazenamento.

O ETL é mais adequado para cenários onde os dados precisam ser limpos e estruturados antes do armazenamento. Ele é amplamente utilizado em bancos de dados relacionais e data warehouses tradicionais.

O ELT é ideal para arquiteturas modernas baseadas em data lakes, onde grandes volumes de dados brutos são carregados primeiro e transformações são realizadas sob demanda. Ferramentas como dbt (Data Build Tool) são frequentemente utilizadas para executar transformações SQL diretamente no data warehouse.

A otimização das transformações garante que os pipelines sejam eficientes e não sobrecarreguem os sistemas de processamento. O uso de partições e indexação melhora o desempenho das consultas, reduzindo o tempo necessário para extrair informações relevantes.

A validação e a qualidade dos dados são fundamentais para evitar que informações inconsistentes sejam propagadas ao longo do pipeline. A aplicação de testes automatizados antes do carregamento final garante que apenas dados corretos sejam utilizados.

O framework Great Expectations possibilita a criação de regras para validar a integridade dos dados:

python

```
import great_expectations as ge
```

```
df = ge.read_csv("/tmp/transformed_data.csv")

expectation_suite = {
  "expect_column_values_to_be_between": {
    "column": "total_price",
    "min_value": 0,
    "max_value": 10000
  },
  "expect_column_values_to_not_be_null": {
    "column": "customer_id"
  }
}

for expectation, params in expectation_suite.items():
  getattr(df, expectation)(**params)
```

A validação automática evita que dados errôneos sejam carregados, garantindo maior confiabilidade no processo analítico.

Monitoramento e logging de dados

O monitoramento contínuo dos pipelines é essencial para detectar falhas e otimizar o desempenho. A coleta de métricas como tempo de execução, taxa de falha e volume de dados processados ajuda a identificar gargalos e prever possíveis problemas.

A geração de logs detalhados permite rastrear cada etapa do pipeline e facilita a depuração em caso de erros. Ferramentas como ELK Stack (Elasticsearch, Logstash e Kibana) e Fluentd são utilizadas para centralizar logs e visualizar informações de execução.

A configuração de alertas possibilita que equipes técnicas sejam notificadas imediatamente sobre falhas ou degradação do desempenho. Sistemas como Prometheus e Grafana oferecem dashboards para monitoramento em tempo real e alertas configuráveis.

A auditoria dos pipelines garante que as execuções sejam registradas e que qualquer alteração nos dados possa ser rastreada. O versionamento de dados e o armazenamento de metadados permitem reverter mudanças indesejadas e garantir conformidade regulatória.

A integração de práticas de observabilidade no DataOps melhora a previsibilidade dos processos e reduz o tempo necessário para a resolução de incidentes. A combinação de logging estruturado, dashboards analíticos e monitoramento automatizado fortalece a confiabilidade e a escalabilidade dos pipelines de dados.

A construção de pipelines ágeis permite que organizações otimizem seus processos de dados e tomem decisões mais rápidas e precisas. A automação dos fluxos, a aplicação de boas práticas de ETL/ELT e a implementação de monitoramento contínuo garantem eficiência operacional e maior controle sobre as informações.

CAPÍTULO 6 – DATAOPS E CLOUD COMPUTING

A adoção crescente de tecnologias de nuvem transformou de maneira significativa a forma como as empresas gerenciam, armazenam e processam dados. Com o advento da computação em nuvem, a escalabilidade, flexibilidade e agilidade tornaram-se fundamentais na construção de soluções de dados eficientes, e o DataOps tem se adaptado a essas necessidades. O uso de DataOps em ambientes de nuvem proporciona não apenas maior performance, mas também otimização de recursos e redução de custos. Neste capítulo, exploraremos como a arquitetura escalável da nuvem e as principais ferramentas em nuvem são aplicadas no contexto de DataOps.

Arquitetura escalável para DataOps na nuvem

A escalabilidade é uma das principais vantagens da computação em nuvem, permitindo que as empresas ajustem seus recursos de acordo com a demanda. No contexto de DataOps, isso se traduz em flexibilidade para manipular grandes volumes de dados em tempo real, sem comprometer a eficiência. A arquitetura escalável para DataOps na nuvem envolve a utilização de soluções de armazenamento, processamento e orquestração de dados que podem crescer conforme a necessidade, sem interrupções nos fluxos de dados.

A nuvem permite a criação de pipelines de dados dinâmicos que podem ser ajustados com facilidade para lidar com picos de demanda ou redução de carga, sem a necessidade de reestruturar a infraestrutura física. A elasticidade oferecida pelas principais plataformas de nuvem, como AWS, Azure e GCP, permite que as empresas escalem suas operações de dados de forma eficiente, com a capacidade de adicionar ou remover recursos conforme necessário.

Além disso, o conceito de "serverless computing" é uma inovação importante para o DataOps, onde os usuários podem executar funções de processamento de dados sem a necessidade de gerenciar servidores diretamente. Isso facilita a automação e a orquestração de pipelines de dados, já que a infraestrutura é gerida pela própria plataforma de nuvem. Em vez de se preocupar com a alocação de recursos computacionais, as equipes de dados podem se concentrar em criar e gerenciar os fluxos de dados.

Ferramentas cloud para DataOps: AWS, Azure, GCP

Cada uma das grandes plataformas de nuvem – AWS (Amazon Web Services), Azure (Microsoft) e GCP (Google Cloud Platform) – oferece ferramentas específicas que podem ser aproveitadas para a implementação de DataOps. Cada uma dessas ferramentas tem suas próprias características, mas todas compartilham o objetivo de automatizar, escalar e otimizar o gerenciamento de dados.

AWS (Amazon Web Services)

Na AWS, uma das principais ferramentas para DataOps é o AWS Data Pipeline, que permite a automação de fluxos de dados entre diferentes serviços da AWS e sistemas externos. O AWS Glue, uma plataforma serverless para ETL (Extração, Transformação e Carga), é outra ferramenta essencial para DataOps. Ele facilita o processo de integração e preparação de dados para análise, garantindo que os dados estejam prontos para serem utilizados em dashboards ou modelos de machine learning.

Além disso, o Amazon S3 é utilizado para o armazenamento de grandes volumes de dados não estruturados, enquanto o Amazon Redshift serve como data warehouse para análise de grandes conjuntos de dados. Essas ferramentas, em conjunto com o Amazon SageMaker para a criação e treinamento de modelos de machine learning, oferecem uma infraestrutura robusta e escalável para DataOps.

Azure (Microsoft)

No Azure, o Azure Data Factory é uma ferramenta essencial para a automação de fluxos de dados. Ela permite a criação de pipelines para mover e transformar dados de diferentes fontes para destinos variados, sendo altamente integrada a outros serviços da Azure. O Azure Databricks, que oferece um ambiente colaborativo de notebooks e clusters para processamento de dados em grande escala, também é uma excelente opção para DataOps em ambientes de nuvem.

Outro serviço importante da Azure é o Azure Synapse Analytics, que combina funcionalidades de big data e data warehousing, permitindo análise em tempo real de grandes volumes de dados. Isso facilita a integração de dados de diversas fontes e a construção de pipelines complexos para a criação de insights valiosos para o negócio.

GCP (Google Cloud Platform)

Na GCP, o Cloud Dataflow é uma ferramenta fundamental para a criação de pipelines de dados. Ela oferece processamento de dados em tempo real, e sua integração com outras ferramentas do GCP, como BigQuery e Cloud Pub/Sub, permite uma implementação de DataOps robusta e escalável. O BigQuery, como um data warehouse analítico, facilita a análise de grandes conjuntos de dados de forma rápida e eficiente, enquanto o Cloud Storage oferece soluções de armazenamento altamente escaláveis.

Além disso, o AI Platform da GCP proporciona uma infraestrutura para o desenvolvimento e deploy de modelos de machine learning, permitindo que equipes de DataOps integrem facilmente inteligência artificial aos seus pipelines de dados.

Redução de custos e otimização de recursos

Uma das grandes vantagens da nuvem é a possibilidade de reduzir custos por meio da otimização de recursos. Em vez de precisar investir em hardware físico, as empresas podem utilizar os serviços de nuvem sob demanda, pagando apenas pelos recursos que utilizam. Isso se traduz em um modelo mais eficiente e econômico para a implementação de DataOps.

A utilização de soluções como serverless computing e containers permite uma escalabilidade automática que otimiza o uso de recursos. Isso é especialmente importante para DataOps, onde a demanda por processamento e armazenamento pode variar dependendo dos projetos e do volume de dados. Com o uso de contêineres, como o Kubernetes na nuvem, as empresas podem criar ambientes de desenvolvimento e produção altamente escaláveis, garantindo que os pipelines de dados possam ser executados sem interrupções e com eficiência.

Outra abordagem interessante é a utilização de arquiteturas multi-cloud, onde as empresas podem distribuir seus dados e processos entre diferentes provedores de nuvem, garantindo maior resiliência e otimização de custos. Por exemplo, uma empresa pode optar por usar o AWS para processamento e o Azure para armazenamento, aproveitando o melhor de cada plataforma de acordo com suas necessidades específicas.

Além disso, as ferramentas de monitoramento de recursos em nuvem, como o AWS CloudWatch, o Azure Monitor e o Google Stackdriver, oferecem visibilidade detalhada sobre o uso de recursos e podem ajudar as empresas a identificar oportunidades de otimização. Essas ferramentas permitem detectar gargalos, ajustar a alocação de recursos e prever futuras necessidades de escalabilidade, contribuindo para uma gestão mais eficiente dos custos operacionais.

Impacto da nuvem na agilidade dos dados

A integração do DataOps com a nuvem resulta em uma melhoria significativa na agilidade dos processos de dados. Com as plataformas de nuvem, as empresas podem provisionar recursos rapidamente, sem os longos tempos de espera típicos da infraestrutura tradicional. Isso acelera o ciclo de vida dos dados, permitindo que as empresas tomem decisões mais rápidas com base em dados mais atualizados.

A nuvem também facilita a colaboração entre equipes multidisciplinares. As ferramentas de nuvem oferecem ambientes de trabalho colaborativos e ferramentas de integração contínua (CI/CD) que permitem que as equipes de desenvolvimento, operações e dados trabalhem de maneira mais eficiente e alinhada, sem as limitações físicas de infraestrutura.

Além disso, a flexibilidade da nuvem permite que as empresas experimentem e implementem novos modelos de dados ou soluções de processamento de forma rápida e com um risco financeiro menor. Essa capacidade de testar e ajustar rapidamente soluções de dados é fundamental no mundo acelerado de hoje, onde as demandas e os mercados mudam constantemente.

Desafios e considerações

Embora a nuvem ofereça uma série de benefícios para DataOps, há alguns desafios que as empresas devem considerar. Um dos maiores desafios é a segurança dos dados. Embora as plataformas de nuvem ofereçam diversas camadas de segurança, é fundamental que as empresas implementem medidas adicionais para garantir a proteção de dados sensíveis. O uso de criptografia de ponta a ponta, controle de acesso rigoroso e políticas de governança de dados são essenciais para mitigar riscos.

Outro desafio é a gestão de custos. Embora a nuvem ofereça uma solução econômica, a falta de controle adequado sobre o uso de recursos pode resultar em custos elevados. A implementação de boas práticas de monitoramento de recursos e a utilização de ferramentas de otimização de custos são essenciais para evitar surpresas na fatura da nuvem.

Finalmente, a integração de sistemas legados pode ser um obstáculo para muitas empresas que estão migrando para a nuvem. Embora as plataformas de nuvem ofereçam uma ampla gama de ferramentas de integração, pode ser necessário adaptar os sistemas existentes para que funcionem de forma eficaz com a nova infraestrutura. A transição para a nuvem deve ser cuidadosamente planejada para evitar interrupções nos fluxos de dados e garantir que todos os sistemas funcionem em harmonia.

A computação em nuvem representa uma mudança significativa na forma como os dados são gerenciados e processados nas empresas. Quando combinada com a abordagem ágil do DataOps, a nuvem proporciona uma infraestrutura escalável, flexível e otimizada para o gerenciamento de dados. Ferramentas como AWS, Azure e GCP oferecem uma gama de soluções que permitem a automação de fluxos de dados, a construção de pipelines ágeis e a análise em tempo real.

No entanto, é importante que as empresas estejam cientes dos desafios relacionados à segurança, gestão de custos e integração com sistemas legados ao adotar soluções baseadas na nuvem para DataOps. Com uma estratégia bem definida, as empresas podem colher os benefícios dessa poderosa combinação, aprimorando suas operações de dados e ganhando uma vantagem competitiva significativa.

CAPÍTULO 7 – QUALIDADE E GOVERNANÇA DE DADOS

O gerenciamento de dados em uma organização vai muito além do simples armazenamento ou processamento. Ele envolve uma série de práticas e políticas que asseguram a integridade, segurança e conformidade dos dados ao longo de todo o seu ciclo de vida. A qualidade e a governança de dados têm um impacto direto na tomada de decisões, no cumprimento de regulamentações e na operação eficiente das empresas. Neste capítulo, vamos abordar como garantir que os dados estejam sempre confiáveis, como implementar políticas que promovam a governança eficaz e como detectar e corrigir anomalias nos fluxos de dados.

Garantindo a integridade, segurança e conformidade dos dados

A integridade dos dados refere-se à precisão e consistência dos dados ao longo de todo o seu ciclo de vida. Dados corrompidos, incompletos ou imprecisos podem gerar decisões erradas, afetando diretamente a performance do negócio. Para garantir a integridade, a primeira ação é definir claramente as fontes de dados e os processos que serão responsáveis por sua coleta, transformação e armazenamento. Cada ponto de entrada de dados deve ser validado quanto à sua conformidade com as regras e critérios da organização.

A segurança dos dados, por outro lado, foca na proteção dos dados contra acessos não autorizados, ataques cibernéticos ou outras formas de manipulação mal-intencionada. A implementação de práticas de segurança de dados envolve a criptografia, controle de acesso, monitoramento contínuo e a segmentação de dados. Isso garante que apenas usuários autorizados possam acessar ou modificar dados sensíveis e críticos.

A conformidade com regulamentações é uma preocupação crescente nas organizações, especialmente com a implementação de legislações como o GDPR (General Data Protection Regulation) na Europa e a LGPD (Lei Geral de Proteção de Dados) no Brasil. Para garantir a conformidade, as empresas devem seguir as exigências legais relacionadas ao armazenamento, uso e compartilhamento de dados pessoais, oferecendo transparência e controle ao titular dos dados.

As ferramentas de governança de dados, que incluem soluções de gerenciamento de identidade, controle de acesso e monitoramento, desempenham um papel importante em garantir que todas essas áreas – integridade, segurança e conformidade – sejam atendidas de forma eficaz. O uso de frameworks específicos, como o COBIT (Control Objectives for Information and Related Technologies) ou o Data Management Body of Knowledge (DMBOK), proporciona diretrizes sobre como implementar e monitorar a governança de dados de maneira estruturada e eficiente.

Métodos para detectar e corrigir anomalias

A detecção e correção de anomalias são componentes essenciais para a manutenção da qualidade dos dados. Anomalias podem ocorrer por diversos motivos: erros humanos durante a entrada de dados, falhas em sistemas automatizados, dados duplicados ou até mesmo problemas de integração entre diferentes fontes de dados. Esses desvios podem ser prejudiciais, afetando a tomada de decisão e, em casos extremos, resultando em conformidade ou violação de segurança.

Para detectar anomalias nos dados, é necessário aplicar técnicas de monitoramento em tempo real, utilizando ferramentas de **observabilidade de dados**. A observabilidade se refere à capacidade de monitorar, medir e analisar os fluxos de dados e sua qualidade ao longo do tempo. Existem diversas ferramentas no mercado que podem ser configuradas para detectar anomalias com base em padrões preestabelecidos.

Técnicas para detecção de anomalias:

1. **Validação de formato e tipo de dados**: Cada conjunto de dados deve ter um formato e tipo específico que atenda aos requisitos do sistema. A validação pode ser realizada usando expressões regulares ou funções de verificação de tipo, para garantir que os dados recebidos estejam no formato correto.

2. **Verificação de consistência entre dados interdependentes**: Dados que se referem uns aos outros devem ser consistentes. Por exemplo, se um campo de data contém uma data de nascimento, um campo de idade não pode ter um valor contraditório. Ferramentas como o **Great Expectations** oferecem bibliotecas para criar validações automáticas que verificam as interdependências dos dados.

3. **Análise estatística de variabilidade**: A análise estatística pode ser utilizada para identificar variações nos dados. Isso pode incluir a verificação de outliers, que são valores que estão muito distantes do restante dos dados. Uma ferramenta popular para isso é o **Z-score**, que ajuda a identificar anomalias com base na média e no desvio padrão dos dados.

4. **Análise de tendências**: Dados que seguem padrões ou

tendências podem ser monitorados ao longo do tempo. O uso de algoritmos de **machine learning** para análise de séries temporais pode identificar quando os dados se desviam significativamente da tendência esperada, alertando para possíveis problemas.

5. **Monitoramento em tempo real**: Utilizar plataformas de monitoramento como **Apache Kafka, Prometheus** ou **Grafana** pode ajudar a detectar, em tempo real, falhas nos fluxos de dados. Essas ferramentas permitem configurar alertas automatizados, que informam quando um dado específico não segue os critérios estabelecidos.

Correção de anomalias:

Após detectar uma anomalia, o próximo passo é corrigi-la de forma eficiente, o que pode ser feito através de diversas abordagens:

1. **Processamento e limpeza automatizada**: O uso de ferramentas de **ETL** (extração, transformação e carga) pode ser configurado para tratar erros automaticamente. Essas ferramentas podem realizar substituições de valores errôneos, corrigir formatação ou até mesmo excluir dados duplicados.

2. **Correção manual**: Em casos onde a automação não é suficiente, a intervenção manual é necessária. Para isso, deve-se criar um processo estruturado de revisão e aprovação dos dados. Este processo pode ser suportado por ferramentas de visualização de dados, como o **Tableau** ou o **Power BI**, para identificar rapidamente os problemas.

3. **Feedback ao sistema de origem**: Quando uma anomalia é detectada, é essencial que o sistema que originou os dados seja corrigido para evitar que o erro se repita. Esse ciclo de feedback pode ser feito por meio da implementação de **gateways de dados** e **auditoria**

de logs, permitindo que a origem do erro seja corrigida em tempo real.

4. **Correção de dados históricos**: Quando a anomalia não é detectada a tempo e afeta dados históricos, pode ser necessário realizar uma correção retroativa. Isso envolve a revisão de grandes volumes de dados e pode ser feito por meio de scripts de correção, como **SQL scripts** que ajustam ou excluem registros errados.

Implementação de Políticas de Governança de Dados

A governança de dados envolve a definição de políticas, processos e padrões para garantir que os dados sejam bem administrados e estejam alinhados com os objetivos organizacionais. A implementação dessas políticas de governança exige a criação de um framework robusto que cubra aspectos como controle de acesso, gestão de qualidade, segurança de dados e conformidade legal.

Estabelecendo um framework de governança

O primeiro passo para implementar a governança de dados é a definição de um framework, que pode ser baseado em normas amplamente aceitas, como o DMBOK (Data Management Body of Knowledge) ou o ISO/IEC 38500, que fornece diretrizes sobre o gerenciamento eficaz de TI. Este framework deve ser adaptado para atender às necessidades específicas de cada organização e incluir processos para:

1. **Classificação e categorização de dados**: Dados devem ser classificados de acordo com sua importância e sensibilidade. Por exemplo, dados financeiros podem ser classificados como altamente sensíveis e exigir um nível maior de proteção.

2. **Definição de papéis e responsabilidades**: Para garantir a governança efetiva, é necessário atribuir papéis e responsabilidades claras a todos os envolvidos na gestão dos dados. Esses papéis podem incluir **Data Stewards** (responsáveis pela qualidade dos dados), **Data Owners** (responsáveis pela segurança e privacidade dos dados) e **Data Custodians** (responsáveis pela manutenção técnica).

3. **Políticas de acesso e segurança**: A governança de dados deve incluir regras e políticas claras sobre quem pode acessar quais dados e sob quais condições. Isso envolve a implementação de **controle de acesso baseado em papéis (RBAC)** e a definição de políticas de criptografia para dados em repouso e em trânsito.

4. **Políticas de conformidade e auditoria**: A conformidade com regulamentações de proteção de dados, como o GDPR, é essencial. Para garantir que os dados estejam sendo gerenciados de forma legal e ética, as políticas de governança devem incluir auditorias regulares e revisões de conformidade.

5. **Documentação e transparência**: A governança de dados deve ser transparente e documentada. Isso inclui o registro de todas as políticas, processos, decisões e ações tomadas em relação aos dados. A documentação ajuda a criar uma base sólida para treinamentos e auditorias futuras.

Ferramentas para governança de dados

Existem diversas ferramentas que podem ajudar as organizações a implementar e manter práticas de governança de dados. Algumas das mais utilizadas incluem:

1. **Collibra**: Uma plataforma de governança de dados

que oferece soluções para catalogação, classificação e conformidade de dados. Ela ajuda as organizações a gerenciar seus dados de maneira mais eficiente, mantendo a qualidade e a conformidade.

2. **Informatica**: Oferece uma suíte de ferramentas para governança de dados, incluindo soluções para **data lineage**, integração de dados e monitoramento de qualidade.

3. **Alation**: Uma plataforma de governança de dados que se concentra na criação de um catálogo de dados colaborativo, permitindo que as equipes de dados gerenciem e compartilhem dados de forma mais eficiente.

A qualidade e governança de dados são aspectos essenciais para garantir que os dados utilizados nas organizações sejam confiáveis, seguros e conformes. A implementação de práticas de governança, combinada com a detecção e correção de anomalias, proporciona a base necessária para o uso de dados de forma eficaz e ética. Ferramentas adequadas, como aquelas de monitoramento e gestão de dados, desempenham um papel crucial em cada etapa desse processo, permitindo que as empresas aproveitem seus dados com confiança e tomem decisões baseadas em informações de alta qualidade. Além disso, uma abordagem bem estruturada de governança de dados ajuda as organizações a se manterem conformes com regulamentações e a protegerem informações sensíveis, promovendo uma cultura de responsabilidade e transparência no gerenciamento de dados.

CAPÍTULO 8 – AUTOMAÇÃO E INTEGRAÇÃO CONTÍNUA (CI/CD) PARA DADOS

A automação e a integração contínua (CI/CD) desempenham um papel vital no processo de DataOps, sendo fundamentais para melhorar a eficiência, a qualidade e a agilidade no gerenciamento de dados dentro das organizações. Em um mundo onde os dados são cada vez mais dinâmicos e precisam ser analisados em tempo real, a automação dos fluxos de dados e a implementação de pipelines contínuos tornam-se não apenas desejáveis, mas essenciais para garantir que as empresas permaneçam competitivas e possam aproveitar ao máximo o valor dos dados.

O uso de CI/CD no contexto de DataOps significa que o ciclo de vida dos dados deve ser tratado com a mesma eficiência e automação com que o desenvolvimento de software é tratado. Isso inclui a construção de pipelines que permitem que dados sejam continuamente integrados, testados e implementados em sistemas de produção, garantindo que qualquer alteração, atualização ou introdução de novos dados no sistema aconteça de maneira ágil, sem comprometer a qualidade e a integridade das informações.

O papel do CI/CD no DataOps

CI/CD é um conceito amplamente adotado no desenvolvimento de software, mas sua aplicação no contexto de DataOps oferece benefícios substanciais para a gestão de dados. A automação, como parte de uma estratégia de integração contínua, é essencial para garantir que a manipulação dos dados – desde sua coleta até seu uso em análise e relatórios – seja consistente e sem falhas.

Integração Contínua (CI) para Dados

A integração contínua no contexto de DataOps envolve o processo de integração frequente de novos dados ou alterações de dados em sistemas centrais de forma automatizada. Ao invés de realizar integrações manuais que podem ser propensas a erros ou inconsistências, o CI promove a automação do processo de integração, permitindo que os dados fluam de maneira contínua através de pipelines. Isso inclui:

- Coleta de Dados: A automação começa com a coleta de dados de várias fontes, como bancos de dados, APIs ou arquivos. Ferramentas como Apache NiFi ou StreamSets são amplamente utilizadas para orquestrar essa coleta de dados em tempo real, integrando fontes de dados heterogêneas de forma simplificada e eficiente.

- Transformação de Dados: Uma vez coletados, os dados geralmente precisam ser transformados para se adequar ao formato e à estrutura exigida pelos sistemas de análise ou armazenamento. Ferramentas de transformação, como Apache Spark ou dbt, podem ser integradas ao pipeline para garantir que os dados sejam manipulados corretamente e de forma automatizada.

- Armazenamento de Dados: Após a transformação, os dados precisam ser armazenados de forma eficiente, em plataformas que atendem aos requisitos de escalabilidade e desempenho. A integração contínua permite que o armazenamento de dados seja feito automaticamente, seja em bancos de dados relacionais, data lakes ou data warehouses.

Entrega Contínua (CD) para Dados

Enquanto a integração contínua foca em garantir que os dados sejam coletados e transformados de forma constante e automática, a entrega contínua assegura que esses dados transformados sejam disponibilizados para os sistemas de análise ou para os usuários finais de maneira contínua e sem interrupções. A entrega contínua no contexto de DataOps envolve:

- **Pipeline de Dados Automatizado**: Esse pipeline inclui etapas automáticas que coletam, processam e armazenam os dados de forma contínua. Isso reduz a necessidade de intervenção manual, permitindo uma resposta rápida a mudanças nos dados ou nas necessidades de análise.

- **Monitoramento e Validação de Dados**: Após a entrega dos dados, é importante monitorar sua qualidade e consistência. A entrega contínua não apenas disponibiliza os dados, mas também realiza validações para garantir que os dados estejam em conformidade com as políticas de governança estabelecidas. Isso é feito utilizando frameworks como o Great Expectations, que permite a automação de testes de dados para garantir que os dados entregues estejam completos, precisos e válidos.

Testes Automatizados e Validação de Dados

A validação e os testes automatizados desempenham um papel crucial na manutenção da qualidade dos dados no ciclo de vida do DataOps. Testes automatizados garantem que os dados que estão sendo processados e entregues sejam de alta qualidade e conformes às regras definidas.

Validação de Dados na Integração Contínua

Na integração contínua, o processo de validação de dados é realizado sempre que novos dados são integrados ou modificados no sistema. Esse processo verifica se os dados atendem a certos critérios de qualidade, como integridade, precisão e consistência. A validação pode ser feita por meio de regras simples, como a verificação de formatos ou a detecção de dados faltantes, ou por meio de validações mais complexas, como a verificação de dependências entre diferentes fontes de dados.

Tipos de Testes Automatizados

Os testes automatizados realizados durante o ciclo de CI/CD para dados podem incluir:

1. **Testes de consistência de dados**: Verifica se os dados provenientes de diferentes fontes estão consistentes entre si. Por exemplo, pode ser verificado se o campo de "data de nascimento" em uma tabela de clientes corresponde ao campo de "idade" em outra tabela.
2. **Testes de integridade referencial**: Garantem que as relações entre diferentes conjuntos de dados sejam válidas. Isso é particularmente importante quando se trabalha com dados em sistemas relacionais, onde a integridade entre as tabelas deve ser mantida.
3. **Testes de qualidade de dados**: Verifica se os dados atendem aos critérios definidos, como não ter valores nulos em campos obrigatórios, garantir que os valores estejam dentro de um intervalo esperado ou que os

dados estejam no formato correto.

4. **Testes de desempenho**: Avaliam o tempo de resposta do sistema ao processar grandes volumes de dados. Testes de desempenho são essenciais para garantir que os pipelines de dados não falhem quando confrontados com cargas elevadas.

5. **Testes de segurança de dados**: Validam se os dados estão sendo protegidos adequadamente durante o processo de coleta, transformação e armazenamento. Isso inclui a verificação de criptografia e controle de acesso a dados sensíveis.

Ferramentas para Testes Automatizados de Dados

Existem diversas ferramentas que podem ser utilizadas para implementar testes automatizados de dados dentro de pipelines CI/CD:

1. **Great Expectations**: Uma das ferramentas mais populares para a validação de dados. Ela permite criar testes e expectativas para garantir que os dados atendam aos critérios de qualidade e governança definidos. A plataforma pode ser integrada com ferramentas como **Apache Airflow** e **dbt** para orquestrar testes de dados de forma automatizada.

2. **Deequ**: Uma ferramenta desenvolvida pela Amazon, que permite realizar validações de qualidade de dados em grandes volumes. Ela se integra diretamente com **Apache Spark**, facilitando a execução de testes em ambientes distribuídos.

3. **Taurus**: Para testes de performance, Taurus oferece uma interface simplificada para criação e execução de testes de carga, incluindo dados armazenados em sistemas como **Kafka** ou **Hadoop**.

4. **DataRobot:** Embora seja amplamente associada à automação de machine learning, o DataRobot também oferece funcionalidades para validar e garantir a integridade dos dados, especialmente quando esses dados são utilizados para treinar modelos de aprendizado de máquina.

Ferramentas e Frameworks para Integração Contínua

A implementação de pipelines CI/CD para dados exige ferramentas e frameworks especializados. Estas ferramentas auxiliam na automação das etapas de integração, validação e entrega de dados, garantindo que todas as alterações sejam processadas de maneira eficiente e controlada.

Ferramentas de Orquestração de Pipelines

Ferramentas de orquestração são essenciais para gerenciar o fluxo de dados entre as diversas etapas de um pipeline CI/CD. Essas ferramentas permitem criar, gerenciar e monitorar pipelines de dados complexos, garantindo que todas as etapas sejam executadas de forma ordenada e eficiente.

1. **Apache Airflow:** Uma plataforma de orquestração de workflows que facilita o agendamento e a execução de pipelines de dados. O Airflow permite configurar pipelines de dados complexos, com etapas de validação e transformação automatizadas.
2. **Luigi:** Criado pela Spotify, Luigi é outra ferramenta de orquestração de workflows que pode ser usada para gerenciar e monitorar pipelines de dados. Embora seja menos conhecida que o Airflow, ela possui uma abordagem simples e é bastante eficaz para gerenciar tarefas de processamento de dados em grande escala.

3. **Kubeflow**: Uma plataforma de código aberto projetada para implementar pipelines de machine learning, mas que também pode ser adaptada para gerenciar pipelines de dados. A vantagem do Kubeflow é sua integração com o Kubernetes, permitindo que os pipelines sejam escalados de forma fácil e eficiente.

Ferramentas de Versionamento de Dados

Assim como no desenvolvimento de software, o versionamento de dados é essencial para garantir que todas as alterações feitas em dados ou pipelines sejam controladas e auditáveis. Ferramentas de versionamento de dados ajudam a rastrear modificações e facilitar a reversão de alterações indesejadas.

1. **DVC (Data Version Control)**: O DVC é uma ferramenta de versionamento de dados que integra com o Git, permitindo que as equipes de dados controlem e versionem conjuntos de dados, assim como fazem com o código-fonte.
2. **Delta Lake**: Delta Lake é uma camada de armazenamento de dados que permite o versionamento de dados dentro de um **data lake**. Ela mantém um histórico completo das alterações feitas nos dados e facilita a recuperação de versões anteriores.
3. **Git LFS**: Embora o Git LFS (Large File Storage) não seja uma ferramenta exclusiva para dados, ele é bastante útil para versionar grandes conjuntos de dados que são necessários para treinamento de modelos de machine learning, por exemplo.

A automação e a integração contínua (CI/CD) no contexto de

DataOps são essenciais para garantir que os fluxos de dados sejam eficientes, seguros e de alta qualidade. A implementação de pipelines automatizados não apenas aumenta a agilidade dos processos de dados, mas também melhora a consistência e a confiabilidade, permitindo que as empresas tomem decisões com base em dados de alta qualidade. Ferramentas de orquestração, testes automatizados e versionamento de dados são componentes-chave dessa estratégia, proporcionando um ciclo de vida contínuo e controlado para os dados. Em um ambiente cada vez mais orientado a dados, adotar práticas de CI/CD se tornou uma necessidade estratégica para as organizações que buscam se destacar no mercado competitivo atual.

CAPÍTULO 9 – OBSERVABILIDADE E MONITORAMENTO DE DADOS

A observabilidade e o monitoramento de dados desempenham um papel essencial na manutenção da integridade, performance e conformidade dos sistemas de dados. A capacidade de rastrear, auditar e responder rapidamente a incidentes no fluxo de dados não só melhora a confiabilidade, mas também é fundamental para garantir que os dados sejam utilizados de maneira eficaz e dentro das normas estabelecidas. Em um ambiente de dados complexo e dinâmico, onde informações podem ser geradas e manipuladas em grande volume e velocidade, ter ferramentas e práticas adequadas de monitoramento e observabilidade torna-se imprescindível.

A observabilidade vai além da simples coleta de métricas, abordando a necessidade de se entender o comportamento de um sistema de dados e as interações entre seus componentes. Essa compreensão é crucial para detectar anomalias, otimizar processos e garantir que as decisões baseadas em dados sejam fundamentadas em informações corretas e confiáveis.

Como rastrear e auditar fluxos de dados

Rastrear e auditar os fluxos de dados é uma prática essencial para garantir a qualidade, segurança e conformidade dos dados ao longo de seu ciclo de vida. A rastreabilidade ajuda a identificar a origem dos dados, os processos que eles passaram e os resultados obtidos a partir de sua manipulação, garantindo transparência e permitindo a auditoria do comportamento do sistema.

Rastreabilidade de Dados

A rastreabilidade de dados é um conceito que se refere ao acompanhamento completo de um dado desde a sua origem até o destino final. Isso envolve o registro das transformações e movimentações pelas quais o dado passa, bem como a documentação das fontes e os processos envolvidos. A implementação de rastreabilidade eficiente em pipelines de dados exige uma combinação de ferramentas, técnicas e boas práticas.

Uma das abordagens mais comuns para rastrear dados em fluxos é a utilização de metadados, que descrevem e documentam características importantes dos dados, como seu formato, a origem, o destino, os responsáveis pela transformação e os momentos em que mudanças ocorreram. Os metadados devem ser gerenciados adequadamente, utilizando ferramentas de governança de dados, e devem estar acessíveis para consulta a fim de possibilitar o rastreamento.

Ferramentas como Apache Kafka e Apache NiFi são eficazes para a coleta e rastreamento de dados em tempo real. Essas ferramentas permitem a orquestração de dados em movimento e a criação de logs de rastreabilidade que documentam cada evento de dados gerado ou manipulado. Utilizando essas plataformas, é possível criar pipelines que monitoram as fontes de dados e rastreiam as movimentações, garantindo que todas as alterações possam ser auditadas de forma eficiente.

Auditoria de Dados

A auditoria de dados é fundamental para garantir que os dados sejam manipulados de maneira conforme as políticas de governança e as regulamentações de conformidade. A auditoria envolve a criação de registros detalhados de todas as interações com os dados, permitindo que qualquer falha ou inconsistência seja rapidamente identificada.

Uma auditoria de dados eficiente inclui:

- **Registro de Acessos**: Monitorar quem acessa os dados e em que contexto, a fim de garantir que apenas usuários autorizados possam modificar ou consultar dados sensíveis.

- **Registro de Transformações**: Rastrear todas as transformações que os dados sofreram ao longo de seus ciclos de vida. Esse registro pode ser feito utilizando ferramentas como dbt ou Apache Spark, que permitem documentar todas as etapas do processamento e transformação de dados.

- **Logs de Processamento**: Os logs de processamento são vitais para auditoria, permitindo verificar se os dados foram processados corretamente e conforme o esperado. Esses logs podem ser analisados para identificar erros ou falhas no fluxo de dados.

- **Conformidade com Regulações**: Uma auditoria de dados eficaz também garante que a manipulação dos dados esteja em conformidade com regulamentações de proteção de dados, como a Lei Geral de Proteção de Dados (LGPD) ou o Regulamento Geral de Proteção de Dados (GDPR).

Implementação de métricas e dashboards

A implementação de métricas e dashboards de monitoramento de dados é uma prática que proporciona visibilidade sobre o desempenho dos sistemas de dados e permite a tomada de decisões informadas. As métricas ajudam a quantificar aspectos essenciais do fluxo de dados, como tempo de resposta, taxa de erros, integridade e disponibilidade, enquanto os dashboards fornecem uma interface visual para acompanhar essas métricas em tempo real.

Métricas de Dados

As métricas de dados são fundamentais para entender o estado e o desempenho de sistemas e pipelines de dados. Algumas métricas essenciais incluem:

- **Latência de Processamento**: Mede o tempo necessário para processar um conjunto de dados, desde sua ingestão até a sua transformação e armazenamento. A latência pode ser monitorada usando ferramentas como Prometheus ou Grafana, que permitem rastrear o tempo de execução dos processos e gerar alertas quando o desempenho está abaixo do esperado.

- **Taxa de Erros**: A taxa de erros monitora a frequência com que ocorrem falhas no processamento de dados. Ela pode incluir erros de validação, falhas de integração ou erros em etapas de transformação. Utilizando ferramentas como **Datadog** ou **Splunk**, é possível configurar alertas para notificar a equipe quando as taxas de erro superam limites pré-determinados.

- **Qualidade dos Dados**: A qualidade dos dados deve ser medida continuamente para garantir que os dados entregues sejam precisos, completos e consistentes. Isso inclui a monitorização de métricas como a presença de dados nulos, duplicados ou incoerentes. A ferramenta **Great Expectations** pode ser utilizada para medir e validar a qualidade dos dados em tempo real, automatizando a verificação de conformidade com as expectativas de qualidade.

- **Volume de Dados**: Medir o volume de dados que está sendo processado em tempo real ajuda a entender o comportamento do sistema e a identificar gargalos ou áreas que podem necessitar de otimizações. Ferramentas como **Apache Kafka e Apache Flink** podem ser usadas para monitorar o volume de dados em movimento e ajustar os recursos do sistema conforme necessário.

Dashboards de Monitoramento

Os dashboards são essenciais para a visualização das métricas de dados e fornecem insights rápidos sobre o estado dos sistemas de dados. Utilizando ferramentas de visualização como Grafana, Tableau ou Power BI, é possível criar dashboards personalizados que mostram em tempo real o desempenho e a saúde dos dados.

Esses dashboards devem incluir indicadores-chave de desempenho (KPIs) que ajudem as equipes de dados a monitorar a eficiência do sistema. Além disso, os dashboards devem permitir a visualização das métricas em diferentes níveis, de modo que a equipe técnica possa aprofundar-se em dados mais específicos, enquanto os líderes de negócios tenham uma visão geral das métricas mais relevantes para a operação.

Exemplo de Dashboard para Monitoramento de Dados

Um exemplo básico de dashboard para monitoramento de dados pode incluir:

1. **Status do Pipeline de Dados**: Um gráfico de linha que mostra o status do pipeline de dados em tempo real, com indicadores visuais para latência e erros.

2. **Qualidade dos Dados**: Um gráfico de barras que ilustra a porcentagem de dados válidos, incompletos e duplicados. Isso pode ser complementado com alertas automáticos quando a qualidade dos dados cair abaixo de um nível aceitável.

3. **Volume de Dados Processado**: Um gráfico de área que mostra o volume de dados processado em uma janela de tempo específica, com indicadores para picos de tráfego ou volumes atípicos.

4. **Taxa de Erros**: Um gráfico de barras que mostra a taxa de falhas nos pipelines de dados, permitindo que a equipe rapidamente identifique falhas em etapas críticas.

Análise de incidentes e resposta a falhas

A análise de incidentes e a resposta a falhas são atividades cruciais para garantir que o sistema de dados permaneça disponível e funcional. Quando ocorrem falhas ou incidentes, é importante que as equipes possam identificar rapidamente a causa raiz e tomar ações corretivas para minimizar o impacto.

Análise de Incidentes

A análise de incidentes começa com a coleta de informações detalhadas sobre o que ocorreu, quando ocorreu e qual foi o impacto. Ferramentas de monitoramento como Datadog, New Relic e Splunk ajudam a gerar logs e registros que facilitam a investigação de falhas. A análise de incidentes deve envolver:

- **Revisão de Logs**: Examinar os logs para identificar quaisquer padrões ou erros recorrentes que possam ter causado a falha. Esses logs devem ser detalhados e armazenados de forma centralizada, para que possam ser facilmente acessados e analisados durante a investigação.

- **Identificação da Causa Raiz**: A causa raiz de um incidente deve ser identificada com o objetivo de evitar que a falha ocorra novamente. Isso envolve analisar os dados históricos, os processos de transformação e as interações entre sistemas para descobrir onde o fluxo de dados foi comprometido.

Resposta a Falhas

Após a análise do incidente, é necessário implementar uma resposta eficaz para mitigar os danos e corrigir a falha. A resposta deve ser ágil e envolver:

- **Correção Imediata**: Tomar medidas corretivas rápidas, como reprocessar dados, corrigir configurações ou interromper temporariamente o pipeline para evitar a propagação do erro.

- **Restaurar a Conformidade**: Se a falha afetou a conformidade dos dados, deve-se restaurar a conformidade rapidamente para garantir que os dados voltem a atender às regulamentações e políticas de governança.

- **Prevenção de Incidentes Futuros**: Após corrigir a falha, a equipe deve implementar controles adicionais, como testes automatizados e novas verificações, para evitar falhas semelhantes no futuro.

A observabilidade e o monitoramento de dados são elementos essenciais para a saúde e a eficiência dos sistemas de dados. A capacidade de rastrear e auditar fluxos de dados, implementar métricas e dashboards adequados e responder rapidamente a incidentes permite que as organizações mantenham o controle sobre suas operações e assegurem que as decisões baseadas em dados sejam confiáveis. As ferramentas e práticas de monitoramento e observabilidade oferecem os meios necessários para garantir a qualidade, segurança e conformidade dos dados, além de ajudar na detecção precoce de problemas e na resposta rápida a falhas.

CAPÍTULO 10 – DATAOPS PARA INTELIGÊNCIA EMPRESARIAL (BI)

A aplicação de DataOps (operações de dados) na área de Inteligência Empresarial (BI) tem se mostrado uma tendência crescente nas organizações que buscam otimizar a manipulação, preparação e entrega de dados para relatórios e dashboards. A combinação de práticas de DataOps com BI oferece benefícios substanciais, como maior eficiência, confiabilidade e agilidade nos processos de transformação de dados, contribuindo diretamente para decisões empresariais mais rápidas e fundamentadas. Este capítulo explora como o DataOps pode ser utilizado para melhorar relatórios e dashboards, além de facilitar a automação na preparação e ingestão de dados, destacando as ferramentas mais comuns e eficazes no contexto de BI.

Uso de DataOps para melhorar relatórios e dashboards

Os relatórios e dashboards são instrumentos cruciais para a visualização e análise de dados nas organizações. Porém, a qualidade desses produtos depende diretamente da forma como os dados são preparados e manipulados. DataOps tem o potencial de transformar a maneira como os dados são processados, melhorando significativamente a qualidade e a confiabilidade das informações utilizadas em relatórios e dashboards. A implementação do DataOps não apenas melhora a precisão dos dados, mas também acelera o tempo de entrega das informações e torna o processo de criação de relatórios mais eficiente.

A Integração de DataOps no Processo de BI

Tradicionalmente, os processos de BI envolvem a extração, transformação e carga (ETL) de grandes volumes de dados de diversas fontes para um repositório central, como um armazém de dados (data warehouse). O DataOps, quando integrado nesse processo, pode automatizar, monitorar e melhorar as fases de ETL, garantindo que os dados estejam disponíveis para relatórios e dashboards com a maior precisão possível.

A utilização de pipeline de dados automatizado é um exemplo de como o DataOps pode otimizar o processo de BI. Ao usar ferramentas que automatizam o fluxo de dados entre sistemas, como Apache Airflow ou dbt, as organizações podem configurar processos que garantem que os dados sejam extraídos e transformados de maneira consistente e sem intervenção manual. Isso reduz o erro humano e melhora a confiabilidade dos dados que alimentam os relatórios e dashboards.

Melhoria na Qualidade dos Dados

O DataOps também melhora a qualidade dos dados que alimentam os relatórios. Garantir que os dados sejam consistentes, completos e atualizados é fundamental para que os relatórios e dashboards forneçam informações confiáveis. A utilização de práticas de DataOps, como a validação de dados em tempo real e o controle de qualidade automatizado, permite que a equipe de BI detecte rapidamente qualquer problema com os dados antes que eles sejam utilizados para tomar decisões.

Ferramentas como Great Expectations podem ser integradas ao pipeline de dados para garantir que os dados atendam aos critérios de qualidade especificados, como a presença de valores nulos, consistência entre os campos e a ausência de duplicatas. Essas ferramentas ajudam a automatizar a detecção de erros e a garantir que os dados estejam prontos para análise sem a necessidade de verificações manuais, o que acelera significativamente a criação de relatórios.

Aceleração do Tempo de Ciclo de Relatórios

Outro benefício significativo do DataOps na criação de relatórios e dashboards é a aceleração do ciclo de produção. A automação de etapas de preparação de dados, como a limpeza e transformação, permite que os analistas de dados se concentrem mais na análise e interpretação dos dados em vez de gastar tempo com tarefas repetitivas e manuais. Além disso, a integração contínua (CI) e a entrega contínua (CD) aplicadas ao ciclo de vida dos dados garantem que as atualizações nos dados sejam refletidas em tempo real nos dashboards, proporcionando uma visão mais dinâmica e precisa para os tomadores de decisão.

Melhor Colaboração entre Equipes de Dados e Negócios

Uma das principais vantagens de integrar DataOps no processo de BI é a melhoria na colaboração entre as equipes de dados e as áreas de negócios. Ao estabelecer pipelines de dados automáticos e bem definidos, as equipes de BI podem atender rapidamente às demandas de informações de outras áreas da empresa. O DataOps facilita a comunicação entre essas equipes, pois garante que os dados estejam sempre atualizados e disponíveis, permitindo que as equipes de negócios obtenham os insights necessários de maneira eficiente.

Ao integrar as práticas de DataOps com BI, também é possível configurar dashboards interativos que permitem aos usuários de negócios explorar os dados em tempo real. Por exemplo, ferramentas como Power BI ou Tableau podem ser configuradas para se conectar diretamente aos pipelines de dados e mostrar as informações mais atualizadas. Isso não apenas aumenta a eficácia dos relatórios, mas também dá aos tomadores de decisão a capacidade de explorar os dados por conta própria, sem depender de processos manuais para obter relatórios personalizados.

Automação na preparação e ingestão de dados

A automação na preparação e ingestão de dados é um dos pilares fundamentais do DataOps. A ingestão de dados envolve a coleta de informações de várias fontes e seu processamento para garantir que estejam no formato adequado para análise. Quando feita manualmente, essa tarefa é propensa a erros, demorada e difícil de escalar. A automação da ingestão de dados, utilizando ferramentas de DataOps, não só melhora a eficiência, mas também permite que as organizações processem grandes volumes de dados de maneira mais ágil e com menos recursos.

Automação da Extração de Dados

A extração de dados é a primeira etapa do processo de ETL e envolve a coleta de dados de fontes externas, como bancos de dados, APIs, arquivos CSV ou sistemas de gestão empresarial. Utilizar ferramentas automatizadas para essa etapa permite que os dados sejam extraídos de maneira eficiente e sem intervenção manual.

Ferramentas como Apache NiFi ou Talend podem ser configuradas para extrair dados automaticamente de diferentes fontes, utilizando conectores prontos para os principais sistemas de dados. Essas ferramentas também oferecem a possibilidade de realizar pré-processamentos simples, como conversões de formato e limpeza de dados, antes de enviá-los para o próximo estágio do pipeline.

Transformação Automatizada de Dados

A transformação de dados é uma etapa crítica no processo de preparação de dados, pois envolve a alteração da estrutura e o enriquecimento dos dados para torná-los mais adequados à análise. Tradicionalmente, as transformações de dados são realizadas por analistas de dados, mas com o uso do DataOps, essas transformações podem ser automatizadas.

Ferramentas como dbt (data build tool) são amplamente utilizadas para definir e automatizar transformações de dados. O dbt permite que os analistas escrevam transformações de dados em SQL de forma modular, aplicando-as automaticamente sempre que novos dados são ingeridos. Isso reduz significativamente o tempo gasto em tarefas manuais e assegura que as transformações sejam consistentes e reutilizáveis.

Automação na Carga de Dados

A carga de dados, que envolve o envio dos dados transformados para um repositório central, como um data warehouse ou uma base de dados analítica, também pode ser automatizada. O uso de ferramentas como Apache Airflow permite a criação de pipelines de ingestão e carga que são executados de forma automática, sem a necessidade de intervenção humana.

Além disso, ferramentas de DataOps possibilitam a integração contínua (CI) e a entrega contínua (CD) no contexto de dados. Isso significa que, sempre que uma nova transformação ou melhoria no processo de ingestão for implementada, ela pode ser automaticamente integrada ao pipeline e testada, garantindo que os dados carregados estejam sempre em conformidade com as normas e políticas de governança da empresa.

Ferramentas para BI e DataOps

Existem várias ferramentas que podem ser utilizadas para integrar práticas de DataOps no ciclo de vida dos dados, melhorando o desempenho e a eficácia do processo de BI. Essas ferramentas são projetadas para automatizar, monitorar e gerenciar os fluxos de dados, garantindo que os relatórios e dashboards sejam baseados em informações confiáveis e atualizadas.

Ferramentas de Ingestão e ETL

- **Apache Airflow**: É uma das ferramentas mais populares para orquestração de workflows e pipelines de dados. Ele permite definir e automatizar as etapas do processo ETL, garantindo que os dados sejam extraídos, transformados e carregados de forma eficiente e confiável.

- **Talend**: Uma plataforma de integração de dados que oferece uma ampla gama de conectores e ferramentas para a ingestão e transformação de dados. Talend permite automação de workflows, integrações em tempo real e a realização de tarefas complexas de transformação.

Ferramentas de Preparação de Dados e Qualidade

- **dbt**: É uma ferramenta de transformação de dados que permite que os analistas de dados definam transformações de forma modular usando SQL, além de automatizar a execução dessas transformações sempre que os dados forem carregados no sistema.

- **Great Expectations**: Ferramenta de qualidade de dados que permite automatizar verificações para garantir que os dados atendam a critérios específicos de qualidade, como a ausência de valores nulos ou duplicados, antes de serem usados em dashboards e relatórios.

Ferramentas de BI e Visualização de Dados

- **Power BI**: Plataforma de BI amplamente utilizada que permite integrar dados de várias fontes e criar dashboards interativos. Power BI pode ser conectado diretamente a pipelines de dados automatizados, oferecendo uma visualização em tempo real dos dados.

- **Tableau**: Outra ferramenta popular de visualização de dados que pode ser integrada a pipelines de dados automatizados, permitindo a criação de dashboards dinâmicos e personalizados, atualizados em tempo real.

A integração de DataOps nas práticas de Inteligência Empresarial (BI) oferece uma abordagem inovadora e eficiente para otimizar a preparação, transformação e entrega de dados para relatórios e dashboards. Ao automatizar processos e melhorar a qualidade dos dados, o DataOps ajuda as organizações a fornecer informações mais precisas, rápidas e confiáveis aos tomadores de decisão. Além disso, a automação da ingestão e transformação de dados, bem como o uso de ferramentas específicas para BI e DataOps, possibilitam a criação de fluxos de trabalho ágeis e escaláveis, fundamentais para a construção de um sistema de BI eficiente e eficaz.

CAPÍTULO 11 – DATAOPS NO BIG DATA E MACHINE LEARNING

A integração do DataOps com as práticas de Big Data e Machine Learning (ML) está se tornando cada vez mais essencial para organizações que lidam com grandes volumes de dados e buscam aprimorar seus modelos preditivos. A eficiência operacional e a agilidade nos fluxos de dados são fundamentais para garantir que os modelos de ML sejam alimentados com dados de alta qualidade e que os ciclos de vida dos modelos sejam otimizados, de modo a garantir resultados rápidos e precisos. Este capítulo explora como o DataOps pode otimizar modelos de Machine Learning, automatizar o ciclo de vida de ML e quais ferramentas são mais eficazes para combinar DataOps com ML.

Como DataOps otimiza modelos de Machine Learning

A criação de modelos de Machine Learning depende de dados de alta qualidade e da capacidade de iterar rapidamente sobre diferentes versões do modelo. A prática de DataOps otimiza essas etapas, proporcionando um fluxo contínuo de dados para o treinamento e avaliação dos modelos, além de garantir que o pipeline de dados esteja alinhado com as necessidades do modelo.

Garantindo a Qualidade e Consistência dos Dados

Para que um modelo de ML tenha um bom desempenho, ele precisa ser alimentado com dados de alta qualidade. O DataOps ajuda a garantir que os dados utilizados em um projeto de ML sejam consistentes, atualizados e livres de erros, ao implementar práticas rigorosas de governança de dados, validação de dados em tempo real e monitoramento de qualidade. Isso implica a utilização de ferramentas que permitem testar e validar dados à medida que são movimentados, garantindo que os conjuntos de dados alimentando os modelos não sejam corrompidos ao longo do processo.

Ferramentas como Great Expectations podem ser usadas para implementar validadores de dados automatizados que verificam a integridade dos dados, como a ausência de valores nulos, consistência nas colunas e a verificação de duplicidades. A automação dessas verificações permite que o pipeline de dados continue fluindo sem a necessidade de intervenções manuais, proporcionando um fluxo contínuo de dados para os modelos de ML.

Automação do Pipeline de Dados

O processo de coleta e preparação de dados para treinamento de ML, muitas vezes, envolve a execução de tarefas repetitivas e demoradas. Com a implementação de DataOps, essas tarefas podem ser automatizadas, garantindo que os dados estejam prontos para alimentar os modelos em um tempo mais curto e com maior precisão.

Um exemplo disso é a automação da transformação de dados com ferramentas como **dbt** (data build tool), que permite escrever transformações em SQL que são automaticamente aplicadas a conjuntos de dados à medida que são carregados no sistema. Essas transformações incluem limpeza de dados, agregações, normalização e outras alterações necessárias para tornar os dados mais adequados ao treinamento de modelos.

Monitoramento e Controle de Dados em Tempo Real

Outro benefício significativo do DataOps no ML é o monitoramento contínuo do pipeline de dados. Isso é crucial, pois em ambientes de Big Data e ML, os dados podem mudar constantemente e as fontes podem ser dinâmicas, exigindo ajustes no modelo para refletir essas mudanças. O DataOps facilita a monitorização em tempo real do pipeline de dados, permitindo que as equipes de dados identifiquem e corrijam problemas rapidamente.

Usando ferramentas como Apache Kafka para streaming de dados e Apache Airflow para orquestração de workflows, é possível garantir que os dados que alimentam os modelos de ML estejam sempre atualizados e no formato adequado. Isso proporciona feedback imediato, permitindo que os modelos de ML sejam ajustados com base em novas entradas de dados.

Automação do ciclo de vida de ML com DataOps

O ciclo de vida de Machine Learning envolve diversas etapas, desde a coleta de dados até a implantação do modelo em produção. DataOps pode automatizar e gerenciar essas etapas de maneira mais eficiente, o que permite que os modelos de ML sejam treinados, testados, validados e implantados de forma contínua, sem a necessidade de processos manuais ou demorados.

Automação na Coleta e Preparação de Dados

A primeira etapa no ciclo de vida de um modelo de ML é a coleta de dados. Dados de diversas fontes precisam ser reunidos, limpos e transformados para garantir que estejam prontos para análise. Com o uso de DataOps, é possível automatizar essa ingestão de dados por meio de pipelines de dados contínuos.

Por exemplo, usando Apache NiFi, é possível configurar fluxos de dados para coletar dados de diferentes fontes e transformá-los conforme necessário antes de passá-los para o modelo de ML.

Isso permite que a coleta de dados seja feita de forma automática e em tempo real, sem a necessidade de intervenção humana.

Automação no Treinamento de Modelos

O treinamento de modelos de ML envolve a criação e execução de algoritmos de aprendizado de máquina sobre os dados para gerar um modelo que faça previsões ou classificações. A automação dessa etapa é fundamental, pois permite que o processo de treinamento seja feito de maneira contínua e em tempo real.

Usando ferramentas de automação como Kubeflow, é possível orquestrar todo o ciclo de vida do modelo, desde o treinamento até a implantação. O Kubeflow permite a criação de pipelines de Machine Learning que são executados automaticamente cada vez que novos dados estão disponíveis, garantindo que o modelo seja continuamente treinado com os dados mais recentes.

Exemplo de código para automação do treinamento com Kubeflow:

python

```python
import kfp
from kfp import dsl

@dsl.pipeline(
    name='ML Pipeline',
    description='An example ML pipeline'
)
def ml_pipeline():
    # Step 1: Data Preprocessing
    preprocess_op = dsl.ContainerOp(
        name='Preprocess Data',
        image='your_preprocessing_image',
        arguments=['--input', 'raw_data', '--output', 'clean_data']
    )
```

```
# Step 2: Train Model
train_op = dsl.ContainerOp(
    name='Train Model',
    image='your_training_image',
    arguments=['--data', 'clean_data', '--model',
'model_output']
).after(preprocess_op)

# Step 3: Evaluate Model
evaluate_op = dsl.ContainerOp(
    name='Evaluate Model',
    image='your_evaluation_image',
    arguments=['--model', 'model_output']
).after(train_op)

# Compile and run pipeline
kfp.Client().create_run_from_pipeline_func(ml_pipeline,
arguments={})
```

Esse pipeline automatiza as etapas de pré-processamento, treinamento e avaliação do modelo, garantindo que o ciclo de vida do modelo seja repetido de maneira contínua e sem intervenção manual.

Implantação e Monitoramento de Modelos em Produção

Uma vez que o modelo é treinado e avaliado, ele precisa ser implantado em produção. A automação do processo de implantação contínua de modelos é crucial para garantir que o modelo mais recente seja utilizado pelas aplicações de produção.

Ferramentas como MLflow e TensorFlow Extended (TFX) podem ser usadas para automatizar o processo de implantação de modelos, monitorando continuamente os modelos em produção e oferecendo mecanismos para o gerenciamento de versões dos modelos.

Exemplo de código para implantar e monitorar um modelo com MLflow:

python

```python
import mlflow
import mlflow.sklearn
from sklearn.model_selection import train_test_split
from sklearn.ensemble import RandomForestClassifier

# Carregar e dividir dados
X, y = load_data()
X_train, X_test, y_train, y_test = train_test_split(X, y,
test_size=0.2)

# Treinamento do modelo
model = RandomForestClassifier(n_estimators=100)
model.fit(X_train, y_train)

# Log do modelo no MLflow
with mlflow.start_run():
    mlflow.sklearn.log_model(model, "model")
    mlflow.log_params({"n_estimators": 100})

# Monitorar o modelo em produção
mlflow.pyfunc.load_model("model")
```

Este exemplo mostra como treinar um modelo, logá-lo no MLflow e implantá-lo de forma automatizada, permitindo que os desenvolvedores e engenheiros de dados gerenciem e monitorizem versões de modelos em produção de maneira eficiente.

Ferramentas para ML e DataOps combinados

Existem várias ferramentas que podem ser utilizadas para

combinar práticas de DataOps com Machine Learning e Big Data. Essas ferramentas garantem que os dados estejam prontos para os modelos de ML, automatizam o treinamento e a implantação dos modelos, e permitem o monitoramento contínuo do desempenho dos modelos em produção.

Ferramentas de Automação de Pipelines de Dados e ML

- **Kubeflow**: Uma plataforma para orquestrar pipelines de ML em ambientes de **Kubernetes**, permitindo a automação do ciclo de vida completo do ML, desde o pré-processamento dos dados até a implantação e monitoramento de modelos.

- **MLflow**: Uma plataforma de código aberto para gerenciar o ciclo de vida de modelos de ML, incluindo experimentos, reprodutibilidade, e implantação.

- **TensorFlow Extended (TFX)**: Um conjunto de ferramentas para orquestrar pipelines de ML, com foco na **integração contínua** e **entrega contínua** de modelos em produção.

Ferramentas de Monitoramento e Governança de Dados

- **Apache Kafka**: Uma plataforma de streaming distribuída que pode ser usada para gerenciar fluxos de dados em tempo real e garantir que os dados mais recentes sejam enviados para os modelos de ML.

- **Great Expectations**: Uma ferramenta que oferece testes de dados automatizados e validação de dados em tempo real, garantindo a qualidade dos dados que alimentam os modelos de ML.

A combinação de DataOps com Machine Learning e Big Data permite que as organizações lidem com grandes volumes de dados de maneira eficiente, automatizem o ciclo de vida de seus modelos e melhorem a qualidade e a confiabilidade dos dados utilizados em seus modelos preditivos. Com o uso de ferramentas e plataformas específicas, como Kubeflow, MLflow e TensorFlow Extended, é possível automatizar as etapas de ingestão, transformação, treinamento e implantação de modelos, garantindo que as operações de dados estejam alinhadas com os objetivos de Machine Learning e Big Data. Ao adotar práticas de DataOps, as organizações conseguem reduzir o tempo necessário para treinar e implantar modelos, melhorar a qualidade dos dados e garantir que os modelos em produção sejam monitorados e ajustados continuamente.

CAPÍTULO 12 – DATAOPS EM FINANÇAS E BANCOS

A implementação de DataOps no setor financeiro e bancário está transformando a maneira como as instituições lidam com grandes volumes de dados, garantindo compliance, aumentando a segurança em transações e reduzindo fraudes por meio da automação de pipelines. A adoção de estratégias de DataOps permite que bancos e empresas financeiras aprimorem a eficiência operacional, otimizem a detecção de fraudes e assegurem a conformidade com regulamentações rigorosas. A aplicação dessas práticas não apenas reduz riscos, mas também melhora a experiência do cliente e fortalece a reputação das instituições no mercado.

Compliance e segurança em transações financeiras

A regulamentação no setor financeiro é um dos aspectos mais críticos para qualquer instituição bancária. Órgãos reguladores exigem que bancos e empresas do setor mantenham registros detalhados de transações, garantindo a transparência e evitando atividades ilícitas, como lavagem de dinheiro e financiamento ao terrorismo. A implementação de DataOps melhora significativamente a capacidade de cumprir essas exigências ao estruturar processos automatizados e rastreáveis para coleta, validação e armazenamento de dados financeiros.

Monitoramento e auditoria contínua

A automação de processos de monitoramento garante que todas as transações sejam registradas e analisadas em tempo real. Ferramentas de DataOps, como Apache Kafka e Flink, permitem a captura e o processamento contínuo de fluxos de dados, assegurando que qualquer anomalia seja detectada instantaneamente.

Exemplo de código para captura de eventos financeiros com Kafka:

python

```python
from kafka import KafkaConsumer

consumer = KafkaConsumer(
    'financial_transactions',
    bootstrap_servers='localhost:9092',
    auto_offset_reset='earliest',
    enable_auto_commit=True,
    value_deserializer=lambda x: x.decode('utf-8')
)

for message in consumer:
    transaction = message.value
    print(f"Transaction received: {transaction}")
```

Esse script captura transações financeiras em tempo real, garantindo que todos os eventos sejam processados e analisados de maneira contínua.

Validação e qualidade de dados

As transações financeiras precisam ser validadas para evitar erros, fraudes e violações de compliance. A aplicação de DataOps nesse contexto envolve o uso de ferramentas que garantem a qualidade dos dados antes que sejam processados ou armazenados. Ferramentas como Great Expectations permitem validar a estrutura e a consistência dos dados automaticamente.

Código para validação de dados financeiros:

python

```
from great_expectations.dataset import PandasDataset
import pandas as pd

data = pd.DataFrame({
    "transaction_id": [101, 102, 103],
    "amount": [500, -100, 700],
    "currency": ["USD", "USD", "EUR"]
})

dataset = PandasDataset(data)

assert
dataset.expect_column_values_to_be_between("amount", 0,
10000).success
assert dataset.expect_column_values_to_be_in_set("currency",
["USD", "EUR", "GBP"]).success
```

Esse código assegura que valores negativos ou moedas inválidas sejam automaticamente detectados e corrigidos antes de serem processados.

Redução de fraudes com pipelines automatizados

A detecção de fraudes no setor financeiro requer a análise de padrões e o reconhecimento de comportamentos suspeitos em tempo real. Modelos de Machine Learning combinados com DataOps aumentam significativamente a precisão na detecção de fraudes, garantindo que transações fraudulentas sejam identificadas antes de serem concluídas.

Implementação de pipelines para detecção de fraudes

A criação de um pipeline automatizado para análise de fraudes envolve múltiplas etapas, incluindo a coleta de dados, o pré-processamento e a aplicação de algoritmos preditivos. O uso de ferramentas como Apache Airflow permite que essas etapas sejam organizadas e executadas de maneira contínua e automatizada.

Código de um pipeline de detecção de fraudes com Airflow:

python

```python
from airflow import DAG
from airflow.operators.python import PythonOperator
from datetime import datetime
import pandas as pd

def fetch_transactions():
    data = pd.read_csv('/data/transactions.csv')
    return data

def detect_fraud():
    data = fetch_transactions()
    fraud_cases = data[data['amount'] > 10000]
    fraud_cases.to_csv('/data/suspect_transactions.csv',
index=False)

with DAG('fraud_detection_pipeline',
start_date=datetime(2024, 1, 1), schedule_interval='@daily') as
dag:
    fetch_data = PythonOperator(task_id='fetch_data',
python_callable=fetch_transactions)
    analyze_fraud = PythonOperator(task_id='analyze_fraud',
python_callable=detect_fraud)

    fetch_data >> analyze_fraud
```

Esse pipeline coleta transações diariamente, identifica movimentações suspeitas e armazena os casos para análise posterior.

Modelos de Machine Learning
para detecção de anomalias

A utilização de modelos de aprendizado de máquina para detecção de fraudes permite que padrões fraudulentos sejam reconhecidos automaticamente. Algoritmos como Isolation Forest são eficazes para identificar anomalias em grandes volumes de dados financeiros.

Código para detectar transações suspeitas usando Isolation Forest:

python

```
from sklearn.ensemble import IsolationForest
import pandas as pd

data = pd.read_csv('/data/transactions.csv')

model = IsolationForest(n_estimators=100,
contamination=0.01)
data['fraud_score'] = model.fit_predict(data[['amount',
'transaction_time']])

suspicious_transactions = data[data['fraud_score'] == -1]
suspicious_transactions.to_csv('/data/fraud_cases.csv',
index=False)
```

Esse código treina um modelo para identificar transações suspeitas e salva os casos detectados para análise.

Estudos de caso de bancos que adotaram DataOps

Caso 1: Automação de compliance em um banco multinacional

Um grande banco multinacional enfrentava dificuldades para garantir conformidade com regulamentações internacionais devido ao alto volume de transações diárias. A implementação de DataOps resolveu esse problema ao introduzir pipelines automatizados para coleta, análise e arquivamento de registros financeiros, garantindo que todas as transações fossem rastreáveis e auditáveis.

A adoção de Apache NiFi para ingestão de dados, combinada com Elastic Stack para monitoramento, permitiu ao banco reduzir o tempo de auditoria regulatória de semanas para horas, aumentando a transparência e reduzindo o risco de multas.

Caso 2: Redução de fraudes em uma fintech

Uma fintech especializada em pagamentos digitais sofria com um alto índice de fraudes devido a tentativas de transações fraudulentas em tempo real. Com a implementação de DataOps, foi criado um pipeline de análise contínua utilizando Apache Flink para processar eventos em tempo real e um modelo de Machine Learning para detectar padrões suspeitos.

Como resultado, a empresa reduziu as fraudes em 30% nos primeiros seis meses e aprimorou a experiência do usuário, reduzindo falsos positivos em transações legítimas.

Caso 3: Otimização da experiência do cliente em um banco digital

Um banco digital buscava melhorar sua resposta a solicitações de clientes ao automatizar processos de análise de crédito e aprovação de transações. Com DataOps, a empresa implementou um pipeline contínuo de dados utilizando Apache Airflow e BigQuery, permitindo processar milhões de transações em segundos.

A automação garantiu que clientes recebessem respostas mais rápidas sobre solicitações de crédito, aumentando a satisfação e otimizando a eficiência do atendimento.

A implementação de DataOps no setor financeiro proporciona vantagens estratégicas significativas, desde garantir a segurança e compliance até aprimorar a detecção de fraudes e melhorar a eficiência operacional. A automação de pipelines reduz erros manuais, acelera a resposta a transações suspeitas e fortalece a governança dos dados. O uso de ferramentas como Kafka, Airflow, MLflow e Apache Flink permite que bancos e fintechs criem fluxos de dados escaláveis e confiáveis, assegurando a qualidade dos dados e a conformidade com regulamentações.

O avanço contínuo das práticas de DataOps permitirá que o setor financeiro se torne ainda mais ágil e seguro, possibilitando a criação de serviços mais eficientes e protegidos contra ameaças.

CAPÍTULO 13 – DATAOPS NO E-COMMERCE E MARKETING

A adoção de DataOps no e-commerce e marketing digital está revolucionando a forma como empresas analisam e utilizam dados para personalizar campanhas, automatizar segmentações e otimizar a experiência do cliente. A integração de pipelines de dados dinâmicos permite a tomada de decisões baseada em informações atualizadas em tempo real, garantindo maior precisão na identificação de padrões de consumo, preferências e comportamento dos usuários.

Personalização de campanhas com dados em tempo real

A personalização de campanhas de marketing é um fator determinante para o sucesso das empresas no varejo digital. O uso de DataOps permite que as equipes de marketing analisem dados instantaneamente, ajustando promoções e comunicações conforme o comportamento dos clientes.

Coleta e processamento contínuo de dados

O primeiro passo para a personalização eficaz é a captura de dados de navegação, interações e compras. O uso de Apache Kafka e Flink permite o processamento em tempo real de eventos gerados pelos usuários, garantindo que os insights sejam extraídos sem atrasos.

Código para captura de eventos de navegação com Kafka:

python

```
from kafka import KafkaProducer
import json

producer = KafkaProducer(
    bootstrap_servers='localhost:9092',
    value_serializer=lambda v: json.dumps(v).encode('utf-8')
)

event = {
    "user_id": 12345,
    "page": "/product/5678",
    "action": "view",
    "timestamp": "2025-02-10T12:30:45"
}

producer.send('user_interactions', value=event)
```

Esse código captura eventos de navegação do usuário e os envia para um tópico Kafka, possibilitando o processamento imediato por sistemas analíticos.

Algoritmos de recomendação em tempo real

A utilização de algoritmos de recomendação melhora a experiência do usuário ao sugerir produtos personalizados com base no histórico de navegação. Modelos baseados em k-Nearest Neighbors (k-NN) ou redes neurais podem ser implementados para gerar sugestões automáticas.

Código para recomendação de produtos com scikit-learn:

python

```
from sklearn.neighbors import NearestNeighbors
import numpy as np
```

```
# Simulação de vetores de preferências de clientes
user_preferences = np.array([
    [0.8, 0.2, 0.4],
    [0.3, 0.9, 0.7],
    [0.5, 0.6, 0.1]
])

model = NearestNeighbors(n_neighbors=2, metric='euclidean')
model.fit(user_preferences)

# Simulação de um novo usuário
new_user = np.array([[0.7, 0.3, 0.4]])
_, indices = model.kneighbors(new_user)

print(f"Recommended products for the user: {indices}")
```

Esse código identifica produtos mais próximos ao perfil de um novo usuário, permitindo recomendações mais precisas.

Automação na segmentação de clientes

A segmentação de clientes desempenha um papel crucial no marketing digital, permitindo que campanhas sejam direcionadas para públicos específicos. A implementação de pipelines automatizados com DataOps melhora a eficiência desse processo, garantindo que os segmentos sejam atualizados constantemente.

Classificação automatizada de clientes

O uso de clusters de segmentação permite agrupar clientes com características semelhantes, otimizando o direcionamento de campanhas. Algoritmos como K-Means são amplamente utilizados para essa finalidade.

Modelo de código para segmentação de clientes com K-Means:

python

```python
from sklearn.cluster import KMeans
import pandas as pd

# Simulação de dados de clientes
data = pd.DataFrame({
    "customer_id": [1, 2, 3, 4, 5],
    "spending_score": [60, 20, 80, 30, 90],
    "purchase_frequency": [10, 2, 15, 5, 18]
})

model = KMeans(n_clusters=2)
data['segment'] = model.fit_predict(data[['spending_score',
'purchase_frequency']])

print(data)
```

Esse código agrupa clientes com base no volume de compras e frequência de transações, permitindo segmentações mais estratégicas.

Automação de campanhas com Airflow

O uso de Apache Airflow possibilita a automação do envio de campanhas conforme o comportamento dos clientes.

Código de um pipeline de marketing automatizado:

python

```python
from airflow import DAG
from airflow.operators.python import PythonOperator
from datetime import datetime

def fetch_new_customers():
```

```
print("Fetching new customers from database...")
def send_promotions():
    print("Sending targeted promotions...")

with DAG('marketing_automation', start_date=datetime(2024,
1, 1), schedule_interval='@daily') as dag:
    task_fetch = PythonOperator(task_id='fetch_customers',
python_callable=fetch_new_customers)
    task_send = PythonOperator(task_id='send_promotions',
python_callable=send_promotions)

    task_fetch >> task_send
```

Esse código garante que clientes sejam segmentados automaticamente e recebam campanhas personalizadas.

Exemplos de sucesso no varejo digital

Caso 1: Aumento da conversão com personalização em uma loja online

Uma grande plataforma de e-commerce implementou DataOps para processar dados de usuários em tempo real. A análise do comportamento de navegação e compras permitiu que ofertas personalizadas fossem apresentadas a cada cliente, aumentando a taxa de conversão em 35%.

O uso de Apache Spark Streaming possibilitou a captura e análise de eventos em grande escala, garantindo que recomendações fossem feitas sem atrasos.

Caso 2: Segmentação inteligente em uma empresa de moda

Uma empresa de moda digital utilizou Machine Learning para criar segmentos dinâmicos de clientes. A implementação de modelos preditivos resultou em campanhas mais eficazes, reduzindo os custos de aquisição de clientes e aumentando o engajamento com promoções direcionadas.

A integração de BigQuery e Google Cloud Functions permitiu o processamento rápido de grandes volumes de dados, otimizando o tempo de resposta das campanhas.

Caso 3: Redução de churn em um marketplace

Um marketplace detectou que muitos clientes abandonavam o carrinho antes da finalização da compra. Com a implementação de DataOps, foram criados alertas automatizados para reengajar esses usuários por meio de e-mails e notificações personalizadas.

A taxa de recuperação de carrinhos aumentou em 20%, demonstrando a eficácia da automação baseada em dados.

A implementação de DataOps no e-commerce e marketing digital proporciona vantagens competitivas ao permitir personalização em tempo real, automação na segmentação de clientes e otimização contínua de campanhas. A integração de tecnologias como Kafka, Airflow, Spark e Machine Learning garante que os dados sejam analisados e utilizados de forma eficiente, resultando em maior conversão e retenção de clientes.

A transformação digital no varejo está cada vez mais dependente de estratégias baseadas em dados. O avanço de DataOps permitirá que empresas continuem inovando, garantindo experiências personalizadas e otimizadas para os consumidores.

CAPÍTULO 14 – DATAOPS PARA SAÚDE E BIOTECNOLOGIA

A aplicação de DataOps na área da saúde e biotecnologia está transformando a forma como dados médicos e genômicos são processados, armazenados e utilizados. A otimização dos fluxos de dados permite diagnósticos mais rápidos, pesquisas biomédicas avançadas e maior precisão na medicina personalizada. A adoção de pipelines automatizados e soluções de inteligência artificial contribui para a redução de erros, melhora a eficiência dos sistemas hospitalares e facilita a conformidade com regulamentações rigorosas.

Otimização de dados médicos e genômicos

A coleta e o processamento de dados médicos são desafios fundamentais na digitalização da saúde. Os sistemas hospitalares geram grandes volumes de informações, desde registros eletrônicos de pacientes até imagens médicas de alta resolução. A aplicação de DataOps permite a automação na ingestão, limpeza e organização desses dados, garantindo disponibilidade para análise em tempo real.

Integração de dados de saúde

Hospitais e clínicas utilizam diversos sistemas para armazenar informações, como Prontuários Eletrônicos do Paciente (PEP) e Imagens de Diagnóstico (DICOM). A unificação desses dados permite um atendimento mais eficiente e reduz redundâncias.

Exemplo para ingestão automatizada de dados médicos com Apache NiFi:

python

```python
from nifiapi import NiFiClient

client = NiFiClient(url='http://localhost:8080/nifi-api')

dataflow = {
    "source": "hospital_database",
    "destination": "data_lake",
    "transformation": {
        "remove_nulls": True,
        "standardize_dates": True
    }
}

client.deploy_dataflow(dataflow)
```

Esse código automatiza a extração de dados de um banco hospitalar para um Data Lake, eliminando inconsistências antes do armazenamento.

Processamento de dados genômicos

A análise genômica gera volumes massivos de informações, exigindo pipelines eficientes para processamento. Tecnologias como **Nextflow** permitem a automação de análises em larga escala.

Código para pipeline de análise genômica:

nextflow

```nextflow
process ALIGN_READS {
    input:
    path reads from reads_dir
```

```
output:
path "aligned.bam"

script:
"""
bwa mem reference.fasta $reads > aligned.bam
"""
}
```

Esse pipeline realiza o alinhamento de sequências genéticas contra um genoma de referência, permitindo a identificação de mutações relevantes para diagnósticos.

Desafios e regulamentações em saúde digital

A aplicação de DataOps na área da saúde exige conformidade com regulamentações rigorosas, garantindo a privacidade e segurança dos dados dos pacientes.

Conformidade com padrões internacionais

Diversos padrões regulatórios precisam ser seguidos ao manipular dados médicos, como:

- **HIPAA (Health Insurance Portability and Accountability Act)** nos EUA.

- **GDPR (General Data Protection Regulation)** na União Europeia.

- **LGPD (Lei Geral de Proteção de Dados)** no Brasil.

A implementação de mecanismos de anonimização é essencial para proteger informações sensíveis.

Código para anonimização de registros médicos com Pandas:

python

```python
import pandas as pd
from faker import Faker

fake = Faker()
df = pd.read_csv("patient_data.csv")

df["name"] = df["name"].apply(lambda x: fake.name())
df["birthdate"] = df["birthdate"].apply(lambda x:
fake.date_of_birth())

df.to_csv("anonymized_data.csv", index=False)
```

Esse código substitui nomes e datas reais por valores fictícios, garantindo privacidade ao compartilhar dados para pesquisa.

Segurança e controle de acesso

A implementação de autenticação reforçada impede acessos não autorizados a dados médicos. O uso de OAuth 2.0 e controle de permissões baseado em papéis (RBAC) melhora a segurança.

Código para autenticação de usuários com Flask e OAuth:

python

```python
from flask import Flask, redirect, request, session
from authlib.integrations.flask_client import OAuth

app = Flask(__name__)
app.secret_key = "secure_key"
oauth = OAuth(app)

auth0 = oauth.register(
    'auth0',
```

```
client_id='YOUR_CLIENT_ID',
client_secret='YOUR_CLIENT_SECRET',
authorize_url='https://yourdomain.auth0.com/authorize',
access_token_url='https://yourdomain.auth0.com/oauth/
token'
)

@app.route('/login')
def login():
    return auth0.authorize_redirect(redirect_uri='http://
localhost:5000/callback')

@app.route('/callback')
def callback():
    auth0.authorize_access_token()
    return "User authenticated!"

if __name__ == '__main__':
    app.run(debug=True)
```

Esse código implementa autenticação segura para proteger o acesso a dados médicos.

Aplicações na pesquisa biomédica e IA

A combinação de DataOps com inteligência artificial tem acelerado avanços na pesquisa biomédica, permitindo desde a descoberta de novos medicamentos até o desenvolvimento de modelos preditivos para diagnósticos.

Detecção de doenças com aprendizado de máquina

Modelos de Machine Learning podem identificar padrões em imagens médicas, auxiliando no diagnóstico de doenças como câncer.

Modelo para classificação de imagens médicas com TensorFlow:

python

```
import tensorflow as tf
from tensorflow.keras import layers, models

model = models.Sequential([
    layers.Conv2D(32, (3,3), activation='relu', input_shape=(128,
128, 3)),
    layers.MaxPooling2D(2,2),
    layers.Conv2D(64, (3,3), activation='relu'),
    layers.MaxPooling2D(2,2),
    layers.Flatten(),
    layers.Dense(128, activation='relu'),
    layers.Dense(1, activation='sigmoid')
])

model.compile(optimizer='adam', loss='binary_crossentropy',
metrics=['accuracy'])
```

Esse modelo é utilizado para classificar imagens médicas e auxiliar médicos em diagnósticos precisos.

Automação de ensaios clínicos

A otimização da coleta e análise de dados em ensaios clínicos reduz custos e acelera a descoberta de novos tratamentos.

Código para monitoramento automatizado de ensaios clínicos com Python:

python

```
import requests
```

```
import json

def fetch_clinical_trials():
    url = "https://clinicaltrials.gov/api/query/study_fields?
expr=cancer&fields=NCTId,Condition,Status&format=json"
    response = requests.get(url)
    data = response.json()
    return data["StudyFieldsResponse"]["StudyFields"]

clinical_trials = fetch_clinical_trials()
print(clinical_trials)
```

Esse código consulta dados de ensaios clínicos em andamento, facilitando a análise de novas pesquisas médicas.

A adoção de DataOps na saúde e biotecnologia permite a otimização de fluxos de dados médicos e genômicos, garantindo maior eficiência em diagnósticos e pesquisas. A automação na coleta, processamento e análise de informações reduz falhas e melhora a segurança dos dados, assegurando conformidade com regulamentações globais.

O uso de inteligência artificial em conjunto com pipelines de dados possibilita avanços significativos na pesquisa biomédica, permitindo descobertas mais rápidas e precisas. O futuro da medicina digital depende da evolução dessas tecnologias, garantindo tratamentos personalizados e maior acessibilidade à saúde.

CAPÍTULO 15 – ESTRATÉGIAS PARA TIMES DE DATAOPS

A implementação eficaz de DataOps depende diretamente da composição de equipes bem estruturadas e do uso de ferramentas adequadas para colaboração e produtividade. Uma equipe eficiente deve contar com especialistas que possam lidar com a automação de pipelines, governança de dados e otimização de fluxos de trabalho. O alinhamento entre os papéis de engenheiros, analistas e profissionais de DevOps é fundamental para garantir a entrega contínua de dados de qualidade para análise e machine learning.

Como montar uma equipe eficiente de DataOps

A estruturação de um time de DataOps envolve a combinação de habilidades técnicas e operacionais. A integração entre diferentes áreas permite a criação de pipelines eficientes e resilientes, garantindo a confiabilidade dos dados processados.

Definição de responsabilidades

Cada membro da equipe precisa ter funções bem definidas para evitar sobreposição de tarefas e melhorar a eficiência do fluxo de trabalho. Um time bem estruturado inclui:

- **Engenheiros de Dados**: responsáveis pela construção e

manutenção de pipelines.

- **Analistas de Dados**: focados na interpretação e uso estratégico dos dados.

- **Especialistas em DevOps**: encarregados da automação, monitoramento e escalabilidade da infraestrutura.

- **Gerente de DataOps**: coordena a equipe e garante a aderência a boas práticas.

Cultura de automação

A filosofia de DataOps prioriza a automação para eliminar gargalos no processamento de dados. A equipe deve adotar práticas como Infrastructure as Code (IaC) e Continuous Integration/Continuous Deployment (CI/CD) para acelerar a entrega de dados de qualidade.

Código para provisionamento automático de infraestrutura com Terraform:

hcl

```
provider "aws" {
  region = "us-east-1"
}

resource "aws_s3_bucket" "data_lake" {
  bucket = "dataops-bucket"
  acl    = "private"
}

resource "aws_glue_catalog_database" "database" {
  name = "dataops_db"
}
```

Esse código cria um Data Lake na AWS automaticamente, permitindo escalabilidade sem intervenção manual.

Papéis essenciais: engenheiros, analistas e DevOps

A colaboração entre os diferentes especialistas do time de DataOps é essencial para a eficiência dos processos. Cada um possui atribuições específicas que impactam diretamente a qualidade e a velocidade do processamento dos dados.

Engenheiro de Dados

O engenheiro de dados é responsável pela construção de pipelines que extraem, transformam e carregam (ETL) informações. Ele implementa mecanismos para garantir a integridade e escalabilidade do fluxo de dados.

Código para pipeline de ETL usando Apache Airflow:

python

```
from airflow import DAG
from airflow.operators.python_operator import
PythonOperator
from datetime import datetime
import pandas as pd

def extract():
    data = pd.read_csv("source_data.csv")
    return data

def transform(**context):
    data = context['task_instance'].xcom_pull(task_ids='extract')
    data["processed_date"] = datetime.now()
    return data
```

```
def load(**context):
    data =
context['task_instance'].xcom_pull(task_ids='transform')
    data.to_csv("processed_data.csv", index=False)

dag = DAG('dataops_etl', schedule_interval="@daily",
start_date=datetime(2024, 1, 1))

task1 = PythonOperator(task_id='extract',
python_callable=extract, dag=dag)
task2 = PythonOperator(task_id='transform',
python_callable=transform, provide_context=True, dag=dag)
task3 = PythonOperator(task_id='load', python_callable=load,
provide_context=True, dag=dag)

task1 >> task2 >> task3
```

O código acima define um pipeline de ETL no Apache Airflow, permitindo a automação do processamento de dados.

Analista de Dados

O analista de dados foca na extração de insights estratégicos. Ele utiliza técnicas de visualização e modelagem para interpretar padrões e tendências.

Código para análise exploratória com Python e Pandas:

python

```
import pandas as pd
import matplotlib.pyplot as plt

df = pd.read_csv("processed_data.csv")

df["category"].value_counts().plot(kind="bar",
title="Distribuição de Categorias")
```

```
plt.show()
```

Esse código gera um gráfico de distribuição de categorias a partir dos dados processados, facilitando a identificação de padrões.

Especialista em DevOps

O especialista em DevOps garante que as aplicações e pipelines de DataOps sejam escaláveis, seguras e monitoradas. Ele utiliza ferramentas para automação de deploy e monitoramento contínuo.

Código para automação de CI/CD com GitHub Actions:

yaml

```yaml
name: CI/CD Pipeline

on:
  push:
    branches:
      - main

jobs:
  deploy:
    runs-on: ubuntu-latest
    steps:
      - name: Checkout repository
        uses: actions/checkout@v3

      - name: Set up Python
        uses: actions/setup-python@v3
        with:
          python-version: '3.8'

      - name: Install dependencies
        run: pip install -r requirements.txt

      - name: Run tests
```

```
run: pytest
```

Esse código configura um **pipeline de CI/CD** que executa testes automaticamente ao enviar código para o repositório.

Ferramentas para colaboração e produtividade

A colaboração entre os membros do time de DataOps depende de ferramentas que facilitem comunicação, controle de versão e monitoramento de pipelines.

Controle de versão com Git e DVC

O uso de Git combinado com Data Version Control (DVC) permite gerenciar versões de código e datasets simultaneamente.

Exemplo para rastreamento de arquivos grandes com DVC:

bash

```
git init
dvc init
dvc add large_dataset.csv
git add large_dataset.csv.dvc .gitignore
git commit -m "Add dataset tracking with DVC"
```

Esse fluxo garante que arquivos de grandes volumes sejam versionados sem sobrecarregar o repositório Git.

Monitoramento com Prometheus e Grafana

A observabilidade dos pipelines é essencial para detectar falhas rapidamente. Prometheus coleta métricas enquanto Grafana visualiza os dados.

Código para configuração de monitoramento com Prometheus:

yaml

```yaml
global:
  scrape_interval: 15s

scrape_configs:
  - job_name: 'dataops_pipeline'
    static_configs:
      - targets: ['localhost:8000']
```

Esse arquivo configura um scraper do Prometheus, coletando métricas dos pipelines de DataOps.

A eficiência de um time de DataOps depende da organização dos papéis e do uso de ferramentas que promovam automação, colaboração e monitoramento contínuo. Engenheiros, analistas e especialistas em DevOps devem atuar de forma integrada para garantir pipelines confiáveis e escaláveis. A adoção de práticas como CI/CD, Data Versioning e monitoramento proativo fortalece a robustez das operações, permitindo maior qualidade e velocidade na entrega de dados.

CAPÍTULO 16 – SEGURANÇA E PRIVACIDADE NO DATAOPS

A segurança e a privacidade são aspectos fundamentais no DataOps, especialmente devido ao aumento da regulamentação sobre proteção de dados e ao crescimento das ameaças cibernéticas. A implementação de estratégias eficazes para proteção de dados sensíveis e conformidade regulatória garante que os fluxos de dados estejam protegidos contra acessos não autorizados e vazamentos. O uso de frameworks específicos de segurança fortalece a infraestrutura e evita comprometimentos que possam impactar operações críticas.

Proteção de dados sensíveis e conformidade regulatória

A segurança dos dados no DataOps começa com a identificação e categorização de informações sensíveis. Dados financeiros, médicos, pessoais e estratégicos exigem controles rígidos para evitar acessos indevidos. A implementação de mecanismos de criptografia, anonimização e controle de acesso é essencial para garantir a proteção dessas informações.

Classificação de dados

A categorização de dados permite definir políticas específicas para cada tipo de informação armazenada e processada. Dados podem ser classificados como:

- **Dados Públicos**: informações acessíveis sem restrições.

- **Dados Internos**: utilizados dentro da organização, mas sem informações sensíveis.

- **Dados Sensíveis**: informações pessoais, financeiras ou médicas que exigem proteção adicional.

- **Dados Críticos**: dados cuja exposição pode comprometer operações ou causar impactos financeiros e reputacionais severos.

Código para classificação automatizada de dados com Python:

python

```
import pandas as pd

def classify_data(df):
    classification = {}
    for column in df.columns:
        if "credit_card" in column or "ssn" in column:
            classification[column] = "Sensitive"
        elif "email" in column or "phone" in column:
            classification[column] = "Internal"
        else:
            classification[column] = "Public"
    return classification

data = pd.read_csv("customer_data.csv")
print(classify_data(data))
```

Esse código identifica colunas com informações sensíveis e as classifica automaticamente, permitindo que políticas de segurança sejam aplicadas.

Criptografia e anonimização

A criptografia protege dados em repouso e em trânsito, tornando a leitura indevida praticamente impossível sem a chave correta. A anonimização remove ou transforma informações sensíveis, garantindo que os dados possam ser utilizados sem comprometer a privacidade dos indivíduos.

Modelo para criptografia de dados com Python e a biblioteca Fernet do Cryptography:

python

```
from cryptography.fernet import Fernet

key = Fernet.generate_key()
cipher = Fernet(key)

sensitive_data = "1234-5678-9012-3456"
encrypted_data = cipher.encrypt(sensitive_data.encode())

print("Encrypted:", encrypted_data)
print("Decrypted:", cipher.decrypt(encrypted_data).decode())
```

Esse código gera uma chave de criptografia e protege um número de cartão de crédito. A descriptografia só pode ser feita com a chave correta.

Conformidade com regulamentos

Diversas regulamentações determinam como os dados devem ser protegidos e processados. Algumas das principais legislações incluem:

- **GDPR (Regulamento Geral de Proteção de Dados – Europa)**: exige consentimento explícito para coleta e uso de dados pessoais.

115

- **LGPD (Lei Geral de Proteção de Dados – Brasil):** estabelece diretrizes semelhantes ao GDPR, aplicadas ao território brasileiro.

- **HIPAA (Health Insurance Portability and Accountability Act – EUA):** regula a proteção de dados médicos.

Empresas que operam em múltiplos países precisam adaptar seus fluxos de dados para estarem em conformidade com todas as legislações aplicáveis.

Como lidar com vazamentos e ataques cibernéticos

A detecção e mitigação de ameaças cibernéticas são fundamentais para evitar comprometimentos de dados. Vazamentos podem ocorrer devido a falhas humanas, ataques externos ou vulnerabilidades na infraestrutura.

Detecção de anomalias

O monitoramento contínuo de fluxos de dados pode identificar atividades suspeitas antes que um vazamento ocorra. Modelos de machine learning ajudam a detectar padrões incomuns.

python

```python
import pandas as pd
from sklearn.ensemble import IsolationForest

df = pd.read_csv("access_logs.csv")
model = IsolationForest(contamination=0.01)
df["anomaly"] = model.fit_predict(df[["access_count",
"failed_attempts"]])

anomalies = df[df["anomaly"] == -1]
```

```
print(anomalies)
```

Esse código utiliza **Isolation Forest** para identificar padrões anômalos em logs de acesso, ajudando a detectar acessos não autorizados.

Resposta a incidentes

Um plano de resposta a incidentes deve conter ações para mitigar o impacto de um vazamento. As principais etapas incluem:

1. **Identificação e contenção**: isolar sistemas afetados para evitar propagação.
2. **Análise da origem do ataque**: entender como ocorreu a falha.
3. **Correção e reforço da segurança**: aplicar patches e aumentar os controles.
4. **Comunicação e conformidade**: notificar autoridades e usuários conforme exigido pela legislação.

Código para notificação automática de incidentes via API do Slack:

python

```
import requests

def notify_slack(message):
    webhook_url = "https://hooks.slack.com/services/YOUR/WEBHOOK/URL"
    payload = {"text": message}
    requests.post(webhook_url, json=payload)
```

notify_slack("Alerta: possível vazamento de dados identificado!")

Esse código envia uma notificação automática para um canal do Slack, permitindo uma resposta rápida a incidentes.

Frameworks de segurança para DataOps

A implementação de frameworks de segurança padroniza as práticas de proteção de dados e facilita a auditoria e conformidade regulatória.

Zero Trust Architecture

O conceito de Zero Trust parte do princípio de que nenhuma entidade, interna ou externa, deve ser automaticamente confiável. As práticas incluem:

- **Autenticação multifator (MFA)**: exigindo múltiplas verificações para acesso.

- **Segmentação de rede**: limitando o acesso a dados apenas a usuários autorizados.

- **Monitoramento contínuo**: detectando atividades suspeitas em tempo real.

NIST Cybersecurity Framework

O NIST (National Institute of Standards and Technology) desenvolveu um framework de segurança que auxilia organizações a estruturar suas estratégias de proteção de dados. Ele é baseado em cinco pilares:

1. **Identificar**: mapear ativos críticos e riscos associados.
2. **Proteger**: implementar controles para reduzir vulnerabilidades.
3. **Detectar**: monitorar eventos para identificar ameaças.
4. **Responder**: definir planos de resposta a incidentes.
5. **Recuperar**: restaurar operações rapidamente após um incidente.

Ferramentas de Segurança para DataOps

Várias ferramentas ajudam a garantir a segurança dos pipelines de dados:

- **Vault (HashiCorp)**: gerenciamento seguro de credenciais e chaves.

- **AWS KMS (Key Management Service)**: serviço de gerenciamento de chaves de criptografia.
- **Azure Purview**: catalogação e proteção de dados na nuvem.

- **Splunk**: monitoramento e detecção de ameaças em tempo real.

A segurança e privacidade no DataOps exigem uma abordagem multifacetada, combinando criptografia, monitoramento, automação e frameworks de segurança. A conformidade regulatória deve ser uma prioridade, garantindo que os dados sejam processados de maneira ética e legal. Com a implementação de estratégias robustas, ataques cibernéticos e vazamentos podem ser minimizados, protegendo ativos valiosos e garantindo a confiabilidade dos fluxos de dados.

CAPÍTULO 17 – TENDÊNCIAS E INOVAÇÕES NO DATAOPS

A evolução do DataOps acompanha o crescimento exponencial da geração de dados e as novas tecnologias que surgem para otimizar os processos de coleta, processamento e análise. A inteligência artificial e a automação desempenham um papel central na transformação dos fluxos de dados, enquanto a computação quântica promete revolucionar a maneira como grandes volumes de informações são processados. O avanço dessas tecnologias molda o futuro dos pipelines de dados inteligentes, tornando-os mais eficientes, autônomos e adaptáveis a cenários complexos.

O impacto da IA e Automação no DataOps

A inteligência artificial (IA) e a automação trazem mudanças significativas para o DataOps, reduzindo a necessidade de intervenção humana e tornando os processos mais ágeis. Essas tecnologias permitem detectar padrões, prever falhas e otimizar o fluxo de dados com base em aprendizado contínuo.

Automação de processos

A automação no DataOps elimina tarefas repetitivas, melhorando a eficiência da engenharia de dados. Processos como integração de novas fontes de dados, limpeza de informações e monitoramento de pipelines podem ser automatizados.

Exemplo para automação da limpeza de dados com **Pandas**:

python

```python
import pandas as pd

def clean_data(df):
    df = df.dropna()  # Remove linhas com valores nulos
    df = df.drop_duplicates()  # Remove valores duplicados
    df.columns = [col.strip().lower() for col in df.columns]  # Padroniza nomes das colunas
    return df

data = pd.read_csv("raw_data.csv")
cleaned_data = clean_data(data)
cleaned_data.to_csv("cleaned_data.csv", index=False)
```

Esse código automatiza a remoção de inconsistências em conjuntos de dados, garantindo que apenas informações limpas sejam processadas.

IA na detecção de anomalias

Modelos de machine learning são utilizados para identificar padrões incomuns nos pipelines de dados. Algoritmos de detecção de anomalias analisam variações nas informações e identificam potenciais falhas ou acessos indevidos.

Código para detecção de anomalias em dados de sensores:

python

```python
from sklearn.ensemble import IsolationForest
import pandas as pd

df = pd.read_csv("sensor_data.csv")
model = IsolationForest(contamination=0.02)
df["anomaly"] = model.fit_predict(df[["temperature",
```

```
"pressure"]])
```

```
anomalies = df[df["anomaly"] == -1]
print(anomalies)
```

Esse código detecta variações anormais em sensores de temperatura e pressão, ajudando a prever falhas em sistemas críticos.

Pipelines de dados autônomos

A IA permite criar pipelines de dados que se adaptam dinamicamente a mudanças nos fluxos de informações. Algoritmos podem identificar gargalos, prever falhas e ajustar automaticamente a infraestrutura para manter a performance ideal.

Para ajuste automático de recursos baseado no tráfego de dados:

python

```python
import random

def adjust_resources(data_load):
    if data_load > 80:
        return "Increase cluster size"
    elif data_load < 30:
        return "Decrease cluster size"
    return "Keep current settings"

current_load = random.randint(10, 100)
decision = adjust_resources(current_load)
print(f"Current Load: {current_load}% - Decision: {decision}")
```

Esse código simula um sistema que ajusta dinamicamente a capacidade de processamento conforme a demanda.

Como a computação quântica pode afetar DataOps

A computação quântica oferece um novo paradigma para o processamento de dados, permitindo resolver problemas que seriam inviáveis para computadores tradicionais. A velocidade e a eficiência desses sistemas abrem novas possibilidades para o DataOps, especialmente em áreas que exigem análises complexas.

Aceleração do processamento de dados

Os computadores quânticos utilizam **qubits** para processar informações de maneira paralela, proporcionando um ganho exponencial de velocidade em certas operações. Isso pode revolucionar o processamento de grandes volumes de dados em setores como saúde, finanças e pesquisa científica.

Algoritmos quânticos para DataOps

A aplicação de algoritmos quânticos pode otimizar o treinamento de modelos de IA, melhorar a análise preditiva e aumentar a eficiência dos pipelines de dados.

Código para gerar estados quânticos utilizando a biblioteca Qiskit:

python

```
from qiskit import QuantumCircuit, Aer, transpile, assemble,
execute

qc = QuantumCircuit(2)
qc.h(0) # Aplica uma porta Hadamard ao primeiro qubit
qc.cx(0, 1) # Aplica uma porta CNOT, criando emaranhamento

simulator = Aer.get_backend('statevector_simulator')
job = execute(qc, simulator)
```

```
result = job.result()
print(result.get_statevector())
```

Esse código cria um circuito quântico simples e exibe os estados quânticos resultantes, demonstrando um dos princípios fundamentais da computação quântica.

Segurança e criptografia quântica

A computação quântica também impacta a segurança no DataOps. Algoritmos quânticos podem quebrar sistemas de criptografia tradicionais, mas também podem criar novos modelos de segurança baseados em princípios quânticos, como a distribuição quântica de chaves (QKD), que garante comunicação segura.

O futuro dos pipelines de dados inteligentes

Os pipelines de dados do futuro serão altamente automatizados, inteligentes e adaptáveis. A combinação de IA, computação quântica e automação criará fluxos de dados que operam com máxima eficiência, segurança e escalabilidade.

Integração de DataOps com tecnologias emergentes

A evolução dos pipelines de dados envolve a convergência com tecnologias emergentes:

- **Edge Computing**: processamento descentralizado para reduzir latências e otimizar a análise em tempo real.

- **Blockchain**: segurança aprimorada na integridade dos dados e rastreabilidade de transações.

- **AI-Driven Pipelines**: fluxos de dados gerenciados

por inteligência artificial, otimizando operações sem intervenção humana.

Pipelines adaptáveis e escaláveis

Os pipelines de dados do futuro serão capazes de ajustar automaticamente seus recursos conforme a demanda. Isso inclui:

- **Autoescalonamento**: alocação dinâmica de recursos computacionais para evitar gargalos.

- **Otimização baseada em IA**: análise contínua para melhorar a eficiência dos processos.

- **Integração transparente de múltiplas fontes**: dados provenientes de diferentes sistemas serão automaticamente padronizados e integrados.

Desenvolvimento de arquiteturas serverless para DataOps

A arquitetura serverless elimina a necessidade de gerenciamento manual de servidores, permitindo que os pipelines de dados sejam executados apenas quando necessário. Isso reduz custos operacionais e aumenta a eficiência.

Para pipeline de dados serverless com AWS Lambda:

python

```
import boto3

def process_data(event, context):
```

```
    s3 = boto3.client("s3")
    data = s3.get_object(Bucket="my-data-bucket",
Key="data.csv")
    content = data["Body"].read().decode("utf-8")
    return f"Data processed: {len(content.splitlines())} rows"

print(process_data(None, None))
```

O código acima utiliza AWS Lambda para processar arquivos de um S3 Bucket, demonstrando como pipelines de dados podem ser otimizados em arquiteturas serverless.

O DataOps está evoluindo rapidamente com a integração de IA, computação quântica e novas arquiteturas de processamento. O futuro dos pipelines de dados será definido pela automação, escalabilidade e segurança aprimorada, tornando-os mais eficientes e adaptáveis às necessidades empresariais. O uso dessas tecnologias emergentes permitirá que organizações transformem grandes volumes de dados em insights valiosos com maior rapidez e precisão.

CAPÍTULO 18 – COMO IMPLEMENTAR DATAOPS NA SUA EMPRESA

A adoção de DataOps permite que empresas otimizem seus processos de gerenciamento e análise de dados, reduzindo gargalos operacionais e aumentando a eficiência das equipes. A implementação bem-sucedida envolve uma abordagem estruturada, desde a definição de estratégias até a medição de resultados.

Passo a passo para iniciar DataOps do zero

A implementação de DataOps exige planejamento cuidadoso, alinhamento com os objetivos da empresa e a integração de tecnologias adequadas. O processo pode ser dividido em etapas fundamentais.

Definição de objetivos e requisitos

O primeiro passo para implementar DataOps é estabelecer quais problemas precisam ser resolvidos. Alguns pontos essenciais incluem:

- **Identificação das necessidades da empresa**: entender se a prioridade é melhorar a qualidade dos dados, reduzir tempos de processamento ou otimizar o armazenamento.

- **Mapeamento de fluxos de dados existentes**: analisar

como os dados são coletados, transformados e utilizados.

- **Alinhamento com a estratégia corporativa**: garantir que DataOps traga valor para as áreas de negócio.

Escolha das ferramentas e infraestrutura

A escolha da infraestrutura e das ferramentas certas impacta diretamente na eficiência do DataOps. Algumas das opções mais comuns incluem:

- **Armazenamento e processamento**: bancos de dados como PostgreSQL, MongoDB, Snowflake e sistemas distribuídos como Apache Hadoop e Apache Spark.

- **Orquestração de pipelines**: Apache Airflow, Prefect e Dagster são plataformas populares para gerenciar fluxos de dados.

- **Monitoramento e observabilidade**: ferramentas como Prometheus e Grafana ajudam a acompanhar a performance dos processos.
- **Integração contínua de dados**: plataformas como dbt (Data Build Tool) e Fivetran automatizam a transformação e ingestão de dados.

Construção da equipe de DataOps

A equipe de DataOps precisa de profissionais com habilidades técnicas e estratégicas. Alguns dos papéis essenciais incluem:

- **Engenheiro de dados**: responsável por construir e manter pipelines eficientes.

- **Cientista de dados**: utiliza os dados processados para criar modelos analíticos e preditivos.

- **DevOps para dados**: automatiza processos e gerencia infraestrutura escalável.

- **Analista de dados**: interpreta as informações para gerar insights acionáveis.

Criação de pipelines de dados escaláveis

A construção de pipelines eficientes é um dos pilares do DataOps. O fluxo de dados deve ser contínuo, automatizado e seguro.

Código para criação de um pipeline básico usando Apache Airflow:

python

```python
from airflow import DAG
from airflow.operators.python_operator import
PythonOperator
from datetime import datetime
import pandas as pd

def extract_data():
    df = pd.read_csv("data.csv")
    df.to_csv("extracted_data.csv", index=False)

def transform_data():
    df = pd.read_csv("extracted_data.csv")
    df["processed"] = df["value"] * 2  # Transformação simples
    df.to_csv("transformed_data.csv", index=False)

def load_data():
    df = pd.read_csv("transformed_data.csv")
    df.to_csv("final_data.csv", index=False)
```

```
default_args = {"start_date": datetime(2024, 1, 1)}
dag = DAG("data_pipeline", default_args=default_args,
schedule_interval="@daily")

task1 = PythonOperator(task_id="extract",
python_callable=extract_data, dag=dag)
task2 = PythonOperator(task_id="transform",
python_callable=transform_data, dag=dag)
task3 = PythonOperator(task_id="load",
python_callable=load_data, dag=dag)

task1 >> task2 >> task3
```

Esse código cria um fluxo de trabalho automatizado que extrai, transforma e carrega dados de forma escalável.

Checklist de adoção e principais desafios

A transição para DataOps requer planejamento detalhado para evitar falhas. Algumas práticas garantem uma implementação mais eficiente.

Checklist para adoção de DataOps

- Definir metas e expectativas alinhadas com a estratégia da empresa.

- Escolher ferramentas compatíveis com a infraestrutura existente.

- Estruturar uma equipe com as funções essenciais.

- Criar pipelines de dados escaláveis e monitoráveis.

- Implementar segurança e controle de acesso aos dados.

- Automatizar processos para garantir eficiência operacional.

- Desenvolver métricas para acompanhar a performance e qualidade dos dados.

Principais desafios

A adoção de DataOps pode enfrentar obstáculos que precisam ser superados para garantir uma implementação bem-sucedida.

- **Resistência à mudança**: colaboradores acostumados com processos tradicionais podem oferecer resistência à adoção de novas metodologias.

- **Integração de múltiplas fontes de dados**: consolidar informações de diferentes sistemas pode ser complexo.

- **Garantia da qualidade dos dados**: inconsistências, duplicações e informações incompletas impactam a eficácia dos pipelines.

- **Segurança e conformidade regulatória**: proteção contra acessos não autorizados e conformidade com leis como GDPR e LGPD são obrigatórias.

Como medir o sucesso da implementação

A eficiência do DataOps deve ser mensurada para garantir melhorias contínuas. Algumas métricas ajudam a avaliar os resultados obtidos.

Indicadores de desempenho

- **Tempo de processamento de dados**: medir a redução no tempo necessário para coletar, transformar e disponibilizar dados.

- **Taxa de erro nos pipelines**: acompanhar falhas na execução de fluxos de trabalho.

- **Confiabilidade e disponibilidade**: garantir que os sistemas operem com o mínimo de downtime.

- **Uso eficiente de recursos**: verificar se a infraestrutura está sendo utilizada de forma otimizada.

Monitoramento contínuo

A observabilidade dos pipelines permite ajustes proativos e garante eficiência a longo prazo. Ferramentas como Prometheus e Grafana permitem acompanhar métricas e detectar anomalias rapidamente.

Exemplo para monitoramento de um pipeline usando Prometheus:

python

```
from prometheus_client import start_http_server, Summary
import time
import random

REQUEST_TIME = Summary('data_pipeline_processing_time',
'Time spent processing data')

@REQUEST_TIME.time()
def process_data():
    time.sleep(random.uniform(0.1, 1.0))
```

```
if __name__ == "__main__":
    start_http_server(8000)
    while True:
        process_data()
```

Esse código inicia um servidor Prometheus que monitora o tempo de execução de um pipeline de dados, permitindo a identificação de gargalos.

Feedback e otimização contínua

O sucesso do DataOps depende da melhoria contínua baseada em métricas e feedback da equipe. Algumas estratégias incluem:

- **Revisões periódicas de desempenho**: avaliar gargalos e oportunidades de otimização.

- **Aprimoramento de automação**: reduzir processos manuais sempre que possível.

- **Treinamento constante da equipe**: garantir que todos estejam atualizados com as melhores práticas.

A implementação de DataOps transforma a forma como as empresas lidam com dados, tornando os processos mais ágeis, eficientes e escaláveis. Uma abordagem estruturada, com definição clara de objetivos, escolha das ferramentas adequadas e monitoramento contínuo, garante que a adoção seja bem-sucedida. A automação, segurança e qualidade dos dados são fatores determinantes para obter resultados consistentes e maximizar o valor estratégico da informação.

CAPÍTULO 19 – CASOS DE SUCESSO E LIÇÕES APRENDIDAS

A adoção de DataOps tem transformado a maneira como empresas lidam com dados, trazendo eficiência operacional, agilidade e maior qualidade nas decisões estratégicas. Diversas organizações de diferentes setores aplicaram DataOps para otimizar seus processos, superar desafios técnicos e alcançar benefícios expressivos.

Estudos de caso de empresas que adotaram DataOps

Empresas de tecnologia, saúde, finanças e comércio adotaram DataOps para resolver desafios relacionados a qualidade de dados, automação de pipelines e escalabilidade. A análise de casos reais oferece insights valiosos sobre os benefícios da implementação.

Caso 1: Empresa de tecnologia aprimorando a escalabilidade de dados

Uma empresa global de tecnologia, que opera serviços de streaming de vídeo, enfrentava dificuldades para processar grandes volumes de dados em tempo real. O crescimento acelerado da base de usuários aumentou a complexidade dos pipelines, levando a falhas recorrentes, alta latência e dificuldades na análise preditiva.

Solução aplicada

A empresa adotou DataOps para reformular seus processos de ingestão e transformação de dados. As principais mudanças incluíram:

- Implementação do Apache Kafka para ingestão contínua de eventos de usuários.

- Uso do Apache Spark para processamento distribuído de dados em tempo real.

- Monitoramento com Prometheus e Grafana para detectar gargalos de performance.

- Automação dos pipelines com Apache Airflow.

Código para pipeline otimizado com Kafka e Spark

python

```
from pyspark.sql import SparkSession
from pyspark.sql.functions import col

spark = SparkSession.builder \
    .appName("StreamingPipeline") \
    .getOrCreate()

df = spark.readStream \
    .format("kafka") \
    .option("kafka.bootstrap.servers", "localhost:9092") \
    .option("subscribe", "user_events") \
    .load()

df_transformed = df.selectExpr("CAST(value AS
```

```
STRING)").alias("event_data")

query = df_transformed.writeStream \
    .format("console") \
    .start()

query.awaitTermination()
```

Esse pipeline captura dados de usuários em tempo real e os processa de forma escalável.

Benefícios obtidos

- Redução do tempo de processamento de dados de 30 minutos para menos de 5 segundos.

- Melhoria na experiência do usuário com recomendações em tempo real.

- Maior estabilidade dos sistemas, reduzindo falhas e latência.

Lições aprendidas

- A automação reduz drasticamente o tempo de resposta a eventos de dados.

- Pipelines escaláveis permitem crescimento sem comprometer a performance.

- Monitoramento contínuo evita problemas antes que impactem os usuários.

Caso 2: Banco digital melhorando a qualidade e segurança dos dados

Um banco digital enfrentava desafios relacionados à qualidade dos dados devido a informações duplicadas e inconsistentes em diferentes fontes. Além disso, a conformidade com regulamentações como LGPD e GDPR exigia maior controle sobre acessos e auditoria de processos.

Solução aplicada

A empresa implementou DataOps para garantir a integridade dos dados e otimizar a segurança. As estratégias adotadas incluíram:

- Uso do dbt (Data Build Tool) para padronizar e validar dados.
- Aplicação de Data Governance com ferramentas como Collibra e Apache Atlas.

- Monitoramento de acessos e trilha de auditoria com AWS CloudTrail.

- Controle de permissões usando IAM (Identity and Access Management).

Modelo para validação de qualidade dos dados com dbt

yaml

```yaml
version: 2

models:
  - name: transactions
    description: "Tabela de transações financeiras validadas"
    columns:
      - name: transaction_id
```

```
tests:
  - unique
  - not_null
- name: amount
  tests:
  - not_null
  - positive_values
```

Esse código define regras para evitar transações duplicadas ou valores inconsistentes.

Benefícios obtidos

- Redução de inconsistências em 80%, garantindo dados mais confiáveis.

- Conformidade total com regulamentações, evitando multas e sanções.

- Maior eficiência operacional com automação de auditorias e relatórios.

Lições aprendidas

- A governança de dados é essencial para manter qualidade e conformidade.

- Adoção de boas práticas reduz riscos operacionais e financeiros.

- Validações automatizadas minimizam erros humanos e inconsistências.

Caso 3: Varejista global otimizando previsões de demanda

Uma rede global de varejo enfrentava dificuldades para prever a demanda de produtos em diferentes regiões. O desafio incluía dados dispersos, baixa integração entre sistemas e falhas na atualização de relatórios.

Solução aplicada

A empresa implementou DataOps para melhorar a previsibilidade da demanda. As ações adotadas incluíram:

- Centralização dos dados em um Data Lake baseado em AWS S3.

- Uso de ETL automatizado com AWS Glue para transformar dados em tempo real.

- Implementação de modelos preditivos com TensorFlow e Pandas.

Código para previsão de demanda utilizando aprendizado de máquina (machine learning)

python

```
import pandas as pd
from tensorflow import keras
from sklearn.model_selection import train_test_split

data = pd.read_csv("sales_data.csv")
X = data.drop(columns=["demand"])
y = data["demand"]

X_train, X_test, y_train, y_test = train_test_split(X, y,
```

```
test_size=0.2)

model = keras.Sequential([
    keras.layers.Dense(64, activation="relu"),
    keras.layers.Dense(32, activation="relu"),
    keras.layers.Dense(1)
])

model.compile(optimizer="adam", loss="mse")
model.fit(X_train, y_train, epochs=10, batch_size=32)
```

Esse modelo de IA prevê a demanda de produtos com base em dados históricos.

Benefícios obtidos

- Precisão das previsões aumentada em 40%, reduzindo estoques desnecessários.

- Tempo de atualização de relatórios reduzido de 24 horas para menos de 1 hora.

- Integração eficiente entre equipes de dados, logística e vendas.

Lições aprendidas
- A automação dos pipelines acelera o acesso a insights estratégicos.
- Modelos preditivos permitem decisões mais informadas e assertivas.

- A integração entre diferentes áreas melhora a eficiência operacional.

Aprendizados para diferentes setores

Os estudos de caso mostram que DataOps pode ser aplicado em diversas indústrias para resolver desafios específicos. Alguns aprendizados gerais incluem:

- **Tecnologia**: DataOps melhora a escalabilidade, garantindo processamento eficiente de grandes volumes de dados.

- **Finanças**: Governança de dados e conformidade regulatória são cruciais para reduzir riscos e manter a integridade das informações.

- **Varejo**: A automação de previsões de demanda permite decisões mais estratégicas e redução de custos operacionais.

- **Saúde**: A qualidade e segurança dos dados são essenciais para garantir diagnósticos precisos e conformidade com regulamentações.

A adoção de DataOps traz benefícios significativos para empresas de diferentes setores. A escalabilidade, automação e governança de dados melhoram a eficiência operacional, reduzindo riscos e aumentando a precisão das decisões estratégicas. Os estudos de caso analisados mostram que a implementação bem-sucedida exige integração de ferramentas, monitoramento contínuo e uma cultura organizacional voltada para inovação.

CAPÍTULO 20 – O FUTURO DAS DECISÕES BASEADAS EM DADOS

A era digital transformou a forma como empresas e indivíduos tomam decisões. O crescimento exponencial da quantidade de dados disponíveis, aliado a avanços tecnológicos como inteligência artificial, automação e computação em nuvem, criou um cenário onde decisões baseadas em dados são essenciais para a competitividade. DataOps surge como um elemento fundamental nessa evolução, garantindo que os dados sejam tratados com qualidade, eficiência e confiabilidade.

Reflexão sobre o impacto do DataOps na era digital

A digitalização dos processos empresariais e a crescente adoção de tecnologias como Internet das Coisas (IoT), machine learning e blockchain aumentaram a demanda por dados confiáveis e disponíveis em tempo real. No entanto, a simples coleta de dados não é suficiente. O grande desafio está em transformar essa informação em conhecimento acionável.

Empresas que adotam DataOps obtêm vantagens estratégicas significativas. Entre os principais impactos, destacam-se:

- **Velocidade na tomada de decisão**: Com pipelines automatizados e infraestrutura otimizada, as empresas reduzem o tempo entre a geração dos dados e sua utilização prática.

- **Redução de erros e inconsistências:** A governança de dados e os processos automatizados garantem maior precisão e confiabilidade na informação analisada.

- **Maior colaboração entre equipes:** DataOps promove a integração entre cientistas de dados, engenheiros de software e gestores, criando um fluxo de trabalho mais eficiente.

- **Capacidade de adaptação às mudanças:** Empresas orientadas por dados podem reagir rapidamente às mudanças do mercado, ajustando estratégias com base em insights extraídos em tempo real.

A ascensão do DataOps também impulsiona o desenvolvimento de ferramentas e metodologias para aprimorar o gerenciamento do ciclo de vida dos dados. Novas plataformas e frameworks surgem constantemente para facilitar a integração, processamento e análise de grandes volumes de informação.

Como os profissionais devem se preparar para essa nova realidade

A demanda por profissionais qualificados em DataOps cresce à medida que empresas buscam estruturar melhor seus processos de dados. Para atuar nesse cenário, é necessário um conjunto de habilidades técnicas e estratégicas que garantam um entendimento aprofundado do fluxo de dados e das melhores práticas de automação.

Habilidades técnicas essenciais

- **Linguagens de programação:** Conhecimento em Python e SQL é fundamental para manipulação, extração e análise de dados.

- **Ferramentas de automação e orquestração**: Experiência com Apache Airflow, Kubernetes e Jenkins para gerenciamento de pipelines de dados.

- **Plataformas de armazenamento e processamento**: Domínio sobre bancos de dados relacionais e não relacionais, além de soluções como AWS S3, Google BigQuery e Snowflake.

- **Monitoramento e observabilidade**: Habilidade para implementar métricas e logs em ferramentas como Prometheus e Grafana, garantindo a saúde dos pipelines de dados.
- **Segurança e governança de dados**: Conhecimento de frameworks regulatórios como GDPR e LGPD para garantir conformidade e proteção da informação.

Habilidades estratégicas e comportamentais

- **Pensamento analítico**: Capacidade de interpretar padrões nos dados e propor soluções inovadoras.

- **Comunicação eficaz**: Profissionais devem ser capazes de traduzir insights técnicos para equipes de negócios e vice-versa.

- **Trabalho em equipe**: DataOps exige colaboração constante entre diferentes áreas, tornando a habilidade de trabalhar em grupo essencial.

- **Aprendizado contínuo**: O cenário tecnológico está em constante evolução, exigindo atualização frequente sobre novas ferramentas e metodologias.

A formação de um profissional em DataOps pode ocorrer tanto por meio de cursos especializados quanto por experiência prática na implementação de pipelines de dados.

Exemplo de código para automação de um pipeline de dados com Apache Airflow

python

```python
from airflow import DAG
from airflow.operators.python import PythonOperator
from datetime import datetime

def extract_data():
    print("Extraindo dados...")

def transform_data():
    print("Transformando dados...")

def load_data():
    print("Carregando dados...")

default_args = {
    'owner': 'airflow',
    'start_date': datetime(2024, 1, 1),
    'retries': 1,
}

dag = DAG(
    'data_pipeline',
    default_args=default_args,
    schedule_interval='@daily',
)
```

```python
extract_task = PythonOperator(
    task_id='extract',
    python_callable=extract_data,
    dag=dag,
)

transform_task = PythonOperator(
    task_id='transform',
    python_callable=transform_data,
    dag=dag,
)

load_task = PythonOperator(
    task_id='load',
    python_callable=load_data,
    dag=dag,
)

extract_task >> transform_task >> load_task
```

Esse código define um pipeline simples no Apache Airflow, automatizando as etapas de extração, transformação e carregamento de dados.

Últimas recomendações para empresas e indivíduos

Para que DataOps seja implementado com sucesso e traga resultados positivos, tanto empresas quanto profissionais devem adotar uma mentalidade orientada a dados e seguir boas práticas.

Para empresas

1. **Estabelecer uma cultura de dados**: A tomada de decisões baseada em dados deve ser incentivada em todos os níveis da organização.
2. **Investir em infraestrutura escalável**: A escolha de ferramentas e plataformas adequadas é essencial para garantir a eficiência do processamento de dados.
3. **Automatizar processos sempre que possível**: A automação reduz erros manuais e acelera o fluxo de trabalho.
4. **Monitorar e melhorar continuamente**: A análise de métricas operacionais permite ajustes constantes para otimizar os pipelines.
5. **Garantir segurança e conformidade**: O uso responsável dos dados evita problemas legais e fortalece a confiança dos usuários.

Para operadores

1. **Desenvolver um mindset de aprendizado contínuo**: As tecnologias evoluem rapidamente, e estar atualizado é essencial para se manter competitivo.
2. **Praticar a implementação de pipelines**: O aprendizado prático é fundamental para consolidar conhecimentos técnicos.
3. **Buscar certificações e especializações**: Programas de certificação podem ajudar a validar habilidades no mercado de trabalho.
4. **Aprimorar a comunicação e o trabalho em equipe**: Profissionais de DataOps precisam colaborar com diferentes áreas para garantir o sucesso dos projetos.
5. **Explorar novas tecnologias e tendências**: Acompanhamento das inovações permite adaptação e aproveitamento de novas oportunidades.

O futuro das decisões baseadas em dados será cada vez mais impulsionado por DataOps. A capacidade de processar grandes volumes de informação em tempo real, garantindo qualidade e confiabilidade, será um diferencial competitivo para empresas de todos os setores. Para indivíduos, a busca constante por conhecimento técnico e estratégico será determinante para se destacar no mercado. Ao adotar DataOps de forma estruturada e eficiente, organizações e profissionais estarão preparados para os desafios e oportunidades da era digital.

CONCLUSÃO FINAL

A evolução das tecnologias e a explosão da quantidade de dados disponíveis tornaram essencial a busca por agilidade e eficiência na gestão da informação. DataOps surge como uma abordagem indispensável para empresas que desejam transformar dados brutos em insights estratégicos com rapidez e qualidade. A implementação eficaz de DataOps possibilita fluxos de dados confiáveis, promove integração entre equipes e garante escalabilidade para atender às demandas dos negócios modernos.

O conceito de DataOps foi explorado desde sua definição até sua aplicação prática em diversos setores. A seguir, um resumo das principais lições abordadas:

Capítulo 1 – O que é DataOps?

DataOps é uma metodologia que combina princípios de DevOps, governança de dados e automação para otimizar o ciclo de vida dos dados. Sua origem está na necessidade de processar grandes volumes de informação de maneira ágil e confiável. Comparado a DevOps e MLOps, DataOps foca na eficiência do fluxo de dados. Empresas que adotam essa abordagem melhoram a velocidade e qualidade da tomada de decisões.

Capítulo 2 – Princípios do DataOps

DataOps se baseia na automação de processos, colaboração entre equipes e implementação de governança rigorosa. A gestão de dados deve garantir qualidade, segurança e observabilidade, permitindo que a informação seja processada e entregue sem falhas.

Capítulo 3 – Arquitetura DataOps
A estrutura de DataOps inclui pipelines de dados, orquestração de fluxos e monitoramento contínuo. A escolha entre infraestrutura on-premise ou cloud impacta na escalabilidade e eficiência. Ferramentas como Apache Airflow, Kubernetes e Snowflake são essenciais na implementação.

Capítulo 4 – Cultura e Mentalidade DataOps
Empresas devem incentivar uma cultura de colaboração e mentalidade ágil, promovendo a integração de cientistas de dados, engenheiros e analistas de negócios. A eliminação de silos organizacionais e a adoção de metodologias iterativas garantem um ambiente eficiente.

Capítulo 5 – Construindo Pipelines de Dados Ágeis
A automação do fluxo de dados reduz erros e acelera a entrega de insights. Processos ETL/ELT eficientes garantem dados limpos e prontos para análise, enquanto monitoramento contínuo permite ajustes rápidos diante de falhas.

Capítulo 6 – DataOps e Cloud Computing
A computação em nuvem oferece escalabilidade e flexibilidade para DataOps. Provedores como AWS, Azure e GCP disponibilizam ferramentas para processamento distribuído e otimização de custos, tornando os pipelines mais robustos.

Capítulo 7 – Qualidade e Governança de Dados
A confiabilidade dos dados depende de boas práticas de governança, políticas de conformidade e processos de validação automatizados. Empresas devem implementar mecanismos de detecção e correção de inconsistências para evitar decisões

baseadas em informações errôneas.

Capítulo 8 – Automação e Integração Contínua (CI/CD) para Dados

O uso de pipelines de integração contínua garante que os dados passem por testes automatizados antes de serem disponibilizados. Ferramentas como dbt e Jenkins ajudam na implementação eficiente do CI/CD para DataOps.

Capítulo 9 – Observabilidade e Monitoramento de Dados

A rastreabilidade dos fluxos de dados é essencial para identificar falhas e otimizar a performance. A implementação de dashboards e métricas possibilita o acompanhamento em tempo real e a rápida resolução de incidentes.

Capítulo 10 – DataOps para Inteligência Empresarial (BI)

Relatórios e dashboards ganham eficiência quando impulsionados por DataOps. A automação na ingestão e transformação de dados reduz o tempo necessário para análise, garantindo insights atualizados e precisos para tomada de decisão.

Capítulo 11 – DataOps no Big Data e Machine Learning

A combinação de DataOps e Machine Learning facilita a automação do ciclo de vida de modelos preditivos. Ferramentas especializadas ajudam a gerenciar dados em larga escala e aprimorar a performance dos algoritmos.

Capítulo 12 – DataOps em Finanças e Bancos

A segurança e conformidade são fundamentais para instituições financeiras. DataOps auxilia na redução de fraudes, otimização de transações e conformidade com regulamentações como GDPR e LGPD.

Capítulo 13 – DataOps no E-commerce e Marketing

Empresas de e-commerce utilizam DataOps para segmentação de clientes, personalização de campanhas e previsão de demanda. A análise em tempo real permite ajustes estratégicos e aumento da conversão de vendas.

Capítulo 14 – DataOps para Saúde e Biotecnologia

O setor de saúde beneficia-se da integração de dados clínicos, genômicos e laboratoriais para aprimorar diagnósticos e pesquisas. No entanto, regulamentações rigorosas exigem maior controle sobre privacidade e segurança dos dados.

Capítulo 15 – Estratégias para Times de DataOps

A formação de equipes multidisciplinares é essencial para o sucesso do DataOps. Engenheiros, analistas e especialistas em DevOps devem trabalhar juntos, utilizando ferramentas colaborativas para garantir produtividade.

Capítulo 16 – Segurança e Privacidade no DataOps

A proteção de dados sensíveis é um dos maiores desafios. Empresas devem implementar protocolos rigorosos para evitar vazamentos e ciberataques, garantindo conformidade com regulamentos de privacidade.

Capítulo 17 – Tendências e Inovações no DataOps

O avanço da inteligência artificial e da automação está remodelando DataOps. A computação quântica e novas arquiteturas de dados prometem transformar a forma como informações são processadas e analisadas.

Capítulo 18 – Como Implementar DataOps na Sua Empresa

A adoção de DataOps exige planejamento e estruturação. Empresas devem seguir um passo a passo para implementação, enfrentando desafios como resistência à mudança e falta de qualificação da equipe.

Capítulo 19 – Casos de Sucesso e Lições Aprendidas

Empresas que implementaram DataOps obtiveram ganhos expressivos em eficiência e inovação. Os desafios superados oferecem insights valiosos para setores diversos, mostrando a aplicabilidade da metodologia.

Capítulo 20 – O Futuro das Decisões Baseadas em Dados

DataOps continuará a evoluir, impulsionando a tomada de decisões baseadas em dados em tempo real. Profissionais devem se preparar para essa nova realidade, adotando uma mentalidade de aprendizado contínuo e explorando novas tecnologias.

Mensagem Final

DataOps não é apenas um conjunto de ferramentas e processos, mas uma mudança fundamental na forma como os dados são tratados. Sua implementação eficaz transforma negócios, melhora a eficiência operacional e fortalece a competitividade no mercado digital. Empresas que adotam DataOps garantem maior qualidade na informação e maior agilidade na tomada de decisões estratégicas.

Agradecemos sua dedicação ao longo deste guia e esperamos que os conhecimentos adquiridos aqui possam ser aplicados de maneira prática e eficaz. O uso estratégico do DataOps tem o potencial de revolucionar a forma como os dados são utilizados, abrindo novas oportunidades para inovação e crescimento.

Cordialmente,
Diego Rodrigues & Equipe!

www.ingramcontent.com/pod-product-compliance
Lightning Source LLC
LaVergne TN
LVHW051240050326
832903LV00028B/2493